复旦金融评论

FUDAN FINANCIAL REVIEW

复旦大学
出品

复旦大学出版社

复旦金融评论
FUDAN FINANCIAL REVIEW
10

EDITOR-IN-CHIEF 主　编	魏尚进　Wei Shangjin
	复旦大学泛海国际金融学院学术访问教授
	哥伦比亚大学终身讲席教授
CO-EDITOR-IN-CHIEF 联合主编	张　军　Zhang Jun
	复旦大学经济学院院长
MANAGING EDITOR 执行主编	钱　军　Qian Jun
	复旦大学泛海国际金融学院执行院长
	陈诗一　Chen Shiyi
	复旦大学泛海国际金融学院党组织书记
	复旦大学经济学院党委书记
	高华声　Gao Huasheng
	复旦大学泛海国际金融学院科研副院长
EDITORIAL COMMITTEE 编委会委员	封　进　Feng Jin　复旦大学经济学院教授
（按姓氏字母顺序排名）	寇宗来　Kou Zonglai　复旦大学经济学院副院长
	李清娟　Li Qingjuan　复旦大学泛海国际金融学院智库研究中心主任
	刘庆富　Liu Qingfu　复旦大学经济学院教授
	施东辉　Shi Donghui　复旦大学泛海国际金融学院教授
	王永钦　Wang Yongqin　复旦大学经济学院教授
	朱　蕾　Zhu Lei　复旦大学泛海国际金融学院副教授
EDITORIAL DIRECTOR 编辑总监	潘　琦　Pan Qi
COPYEDITORS 编　辑	张　静 / 顾　研 / 齐超颖
	Zhang Jing / Gu Yan / Qi Chaoying
GENERAL MANAGER 总经理	徐佳捷　Xu Jiajie
OPERATIONS MANAGER 运营经理	丁　璐　Ding Lu / 吴吟秋子　Wu Yinqiuzi
VISION DESIGNER 视觉设计	文脉图文　Wenmai Tuwen
COVER DESIGNER 封面创意	林　栋　Lin Dong
ADDRESS 地　址	上海市杨浦区邯郸路 220 号 5 号楼 405 室
TELEPHONE 联系电话	+86-21-63895587
EMAIL 投稿邮箱	FFR@fudan.edu.cn
PHOTOGRAPH 图片支持	VEER

文脉图文　Wenmai Tuwen

中美竞合新出发

2020年，全球化进展遭遇双重逆流。一边是美国特朗普政府单边主义和对华商贸限制严重压制了全球化进程；另一边是新冠肺炎疫情客观条件限制下各国经济往来缩减。但2020年下半年以来的三件大事，分别是中国的经济双循环新发展格局的提出、美国大选后一个经济主张与行事风格都有变化的新政府的产生、中国与美国之外的贸易与投资伙伴国互惠开放系列协议的达成，它们为2021年中美经贸关系开启新章节，也为经济全球化重归正路提供了崭新的背景。当然，新的国际背景是否一定会转化为更加公平透明、互惠互利的全球化环境，还取决于2021年会发生什么目前还不可预测的事件，取决于各国政府的谈判努力、技巧与最终政策取向，也取决于各主要国家学界、智库界是否能提出建设性并为社会与政府接受的政策建议。

从2018年中美贸易摩擦发端、2019年年末《中美第一阶段贸易协定》签署，到疫情下美国政府换届后的新政初现端倪……世界第一、第二大经济体的竞争与合作关系牵动整个世界的利弊得失。

观中国发展态势，窥美国政策转变，在2021年探中美竞合新机。

受疫情对不同经济体的冲击不同的影响，中国经济总量正在加速并持续追赶美国，并且中美两国作为领先全球的经济体，占全球GDP的比重仍在进一步集中。2020年，中国GDP首次突破100万亿元，全年增长2.3%，是各大经济体里唯一能有GDP正增长的国家，在2021年增速可能在7%~8%之间，并且中国GDP总量在2021年可能超过美国GDP的75%。但美国是在发达国家中2020年负增长相对较小的国家，并且大概率在2021年内也能实现强劲复苏。

从过去的经验看，每当美国经济遇到困难的时候，往往是其寻找国际合作的时候。然而，担忧中国赶超的特朗普政府执意奉行"硬脱钩"，但中国的实力没有被大幅削弱，世界各国相互依存的局面并没有根本改变。正如许多全球化的赢家误以为自己是输家，美国没有认识到全球化给它带来的巨大的间接收益，其不断加长的"实体清单"扰乱了全球供应链和科技产业的发展。如果世界上只有中美两个国家，美国"自损八百"的策略或许可以持续。但在一个多元多极的世界里，特朗普政府的策略让许多使用来自中国的投入品的美国企业失去相对于欧洲和日本企业的竞争力，它们雇佣的工人可能失去工作，随着许多商品价格上涨，美国中低收入家庭的生活水平将受到影响。

虽然拜登政府已经展现出重新强调外交按规则出牌的立场，但这并不意味着中美关系将必定迎来长期的和谐发展。美方强调团结欧盟、日本和印度等各方，有选择地将中国排斥在外。

因为全球产业链、经济全球化有许多互惠互利之处，美国政府的立场并不能阻碍两国民众和企业的跨境互动。新冠肺炎疫情全球大流行对各国的生产能力都产生了负面冲击，没有那么多国家可以成规模地替代"中国制造"。美国企业要把产业链从中国转移到越南、印度、印尼、墨西哥或其他国家是需要花钱做投资的，而疫情恰恰削弱了大多数企业的财务状况。即使本来有计划迁移产业链的企业大概率也会推迟这样的动作。2021年1月14日，中国海关总署公布了2020年全年进出口情况，中国货物贸易进出口总值32.16万亿元人民币，创历史新高。

公平、开放、非歧视性的规则将实现从"脱钩"到"重连"的可能，在多边主义、全球治理、能源、环境等严峻问题方面寻找解决方案并努力达成共识，是中美两国寻求良性关系发展的新起点。

目前，全球主要的三个贸易区——美国主导的美洲贸易区，中国和日本主导的亚太贸易区以及德国主导的欧洲贸易区，形成了三足鼎立的局势。"三足鼎立"不等于"三足独立"，而是意味着合作和竞争。从商品贸易尤其是中间商品贸易流中可以看出，区域间贸易举足轻重，且彼此间联系非常紧密。实际上，中美两国在其中扮演着重要的角色。美国许多产业位于产业链上游，利用高精尖的技术和设备，通过研发优势，占据了美洲、亚太和欧洲等多地的上游产品市场。中国则是跨地区贸易的重要环节，比如在汽车、电子等行业，中国已经是很多跨国公司全球供应链的重要环节。在许多行业，中国的企业达到了产业链中游、部分企业处于产业链上游。

中国可以将《区域全面经济伙伴关系协定》(RCEP)与中国－欧盟投资协议作为开放的新起点，把加入《全面与进步跨太平洋伙伴关系协定》(CPTPP)与积极参与WTO改革作为更高水平改革开放的中继站，也作为让中美经济贸易关系向良性方向发展的契机。中美可能都会申请加入CPTPP，加入条件里会对中国的许多经济政策提出要求，许多要求也可以成为中国进一步开放的内容，根据中国加入WTO及其后发展的经验，开放可以促改革，最后使中国的百姓与企业都可以受益。

中国的"生态文明"及2060年达到碳中和的政策目标与美国的清洁能源革命和"环境正义"计划方向一致，既是为人类生存做贡献，也将为两国合力应对气候危机开启新机遇。我认为中美两国可以在引入碳排放关税、将降低排放作为国际援助的条件并采取鼓励碳捕获创新的激励措施等方面有所作为。在气候变化这样一个重大的世界性挑战问题上，中国可以化被动为主动，在国际规则制定上获得更多的话语权，并得到与欧洲、与美国进一步合作的空间。

全球的竞争与合作在2021年会展现出新格局，虽然逆行风险或不利因素总有可能出现，但只有着眼于长远利益，兼顾国内与国际公平和效率才能为我们带来更好的明天。

《复旦金融评论》主编
复旦大学泛海国际金融学院访问教授
哥伦比亚大学终身讲席教授

CONTENTS 第 10 期

卷首语 FOREWORD

中美竞合新出发
魏尚进

洞 见 INSIGHTS

54 | RCEP：迈向亚洲共同体的第一步
鞠建东

59 | RCEP 助力大变局中的中国经济双循环
余淼杰

63 | 价值链金融，在抱团取暖中共享价值
孙立坚

69 | 2021 年 A 股市场的投资机会在哪里？
林采宜　胡奕苇

73 | 迈向 2021，中国经济的远虑与近忧
李清娟　孔 雪

专 题 FEATURE

中美竞合新出发

全球的竞争与合作在 2021 年会展现出新格局，着眼于长远利益，兼顾国内与国际公平和效率才能为我们带来更好的明天。

06 | 为什么拜登应重新考虑对华单边贸易制裁政策？
张 军　石 烁

15 | 如何权衡多边主义与中美关系？
阿迪特雅·马度（Aaditya Mattoo）

20 | 中美博弈的"傲慢与偏见"
王永钦

26 | 拜登时代，探索更稳健、更包容的新型大国关系
沈 逸

32 | 拜登的"罗斯福时刻"
邵 宇　陈达飞

42 | 美元霸权下，客观看待国际收付清算
王永利

48 | 金融科技赋能跨境支付，如何对 SWIFT 说"不"？
张纯信　沈思斯

对 话 CONVERSATION

82 | 求解中国收入和财产分配
—— 魏尚进对话李实、甘犁

前 沿 RESEARCH FRONTIER

92 | 区块链技术助推金融可持续发展
张纯信　宋思齐　王振华　齐超颖

99 | 数字贸易开放度之争
—— 基于欧洲国际政治经济中心《数字贸易限制指数》
邬展霞

金融启迪人生跃境

投稿与建议
FFR@fudan.edu.cn

微信客服号
FFReview2018

编辑部电话
021-63895587

 欢迎扫码订阅纸质版

 欢迎关注微信订阅号

复旦金融评论
FUDAN FINANCIAL REVIEW

FEATURE
专题

中美竞合新出发

为什么拜登应重新考虑对华单边贸易制裁政策？

为管控对华贸易冲突，美国当选总统拜登不得不重新思考单边制裁政策。问题是他的出路何在？

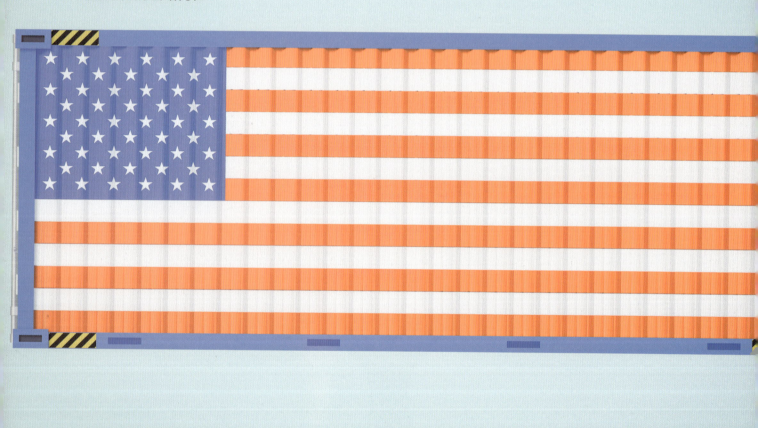

张 军
复旦大学文科资深教授
复旦大学经济学院院长
复旦大学中国社会主义市场经济研究中心主任
上海国际金融与经济研究院副理事长

石 烁
法国克莱蒙-奥弗涅大学 CERDI-IDREC 访问学者
复旦大学中国社会主义市场经济研究中心博士候选人

对美国总统拜登而言，特朗普政府与中国签署的第一阶段经贸协议（下称第一阶段协议）很可能不是财富，而是包袱。虽然第一阶段协议在2019年12月签署后暂时缓和了中美两国关于知识产权、技术转让、农业、金融服务以及货币和汇率的分歧，但是中美贸易的紧张态势却并没有停歇的迹象。

当地时间2020年12月18日，美国商务部又将59家中国企业或个人列入出口管制实体清单。这是自2018年以来美国发起的第11轮对华实体制裁，受制裁的中国企业总数达到350家，也让中国成为世界上受美国实体清单制裁企业数量最多的国家[1]。更为严重的是，这使美国的对华贸易政策变得自相矛盾。美国既扩大对中国企业的制裁规模，客观上降低中国市场对美国商品的依赖，又要求中国完成第一阶段协议规定的采购美国商品和服务的目标，加深两国的经贸关系。这让第一阶段协议的目标与中美贸易冲突不断深化的现实相悖。在这样的背景下，拜登政府是否会继续按照第一阶段协议来处理对华贸易问题，就成了疑问。

2020年12月，拜登接受《纽约时报》采访时表示，他不会立刻取消对中国商品的进口加征关税，也不会改变第一阶段协议[2]。实际上，他认为当务之急是全面评估美国与中国签署的既有协议，并与美国在亚洲和欧洲的传统盟友共同协商。换言之，拜登不会无条件维持第一阶段协议，而是会有条件地改变现状。这个条件取决于对第一阶段的全面评估，还取决于美国盟友的态度。由此，拜登提出在对华贸易问题上，美国应有一个"万全之策"（a coherent strategy）。

但是，美国的盟友也需要了解第一阶段协议的执行情况，才能做出判断。不过，即便没有评估，美国的盟友很可能也不会支持第一阶段协议或类似的协议。这是因为这类协议带有歧视性贸易的色彩，偏袒美国扩大对华出口，由此可能挤出其他贸易伙伴对华出口，侵犯它们的利益。

并且，拜登对第一阶段协议发起的全面评估也不会得到特朗普政府的支持。如果对第一阶段协议进行全面评估在短期无法实现，一个初步评估应该也能够缓解全球市场对中美贸易未来的担忧。但是，据作者所知，拜登团队至今也没有发布一个初步的评估报告，甚至没有公布一个评估方案，这让拜登的对华贸易政策变得更加难以预料。

实际上，第一阶段协议下中美贸易面临三方面风险：高关税率所带来的贸易成本风险、美货采购执行风险以及其他贸易伙伴对第一阶段协议所采取的反制风险。利用Bown（2019）提供的中美出口加权关税率[3]、彼得森国际经济研究所的"中美第一阶段协议追踪"数据库、中国海关总署进口

---

[1] 来自作者根据美国商务部新闻公告的整理，https://www.commerce.gov/news/press-releases。
[2] Friedman, T. L., 2020, "Biden Made Sure 'Trump Is Not Going to Be President for Four More Years' Here's What Joe Biden Had to Say about the Future in Our Interview," *New York Times*, https://www.nytimes.com/2020/12/02/opinion/biden-interview-mcconnell-china-iran.html.
[3] Bown, C.P., 2019, "Phase One China Deal: Steep Tariffs Are the New Normal", *Peterson Institution for International Economics*, https://www.piie.com/blogs/trade-and-investment-policy-watch/phase-one-china-deal-steep-tariffs-are-new-normal.

数据和联合国商品贸易统计数据库的对华出口数据，我们评估了这三类风险，并尝试解释导致风险恶化的原因。这样的评估虽然是初步的，但为判断拜登政府对华贸易政策态度提供了一个有益参考。

戴琪会是解决对华贸易争端的万灵药吗？

在考察美中贸易风险之前，我们先通过拜登的内阁任命来评析他在对华贸易政策上的总体态度。可以确信的是，拜登至少在反思特朗普政府所采取的对抗性的对华贸易政策，这从他任命戴琪（Katherine Tai）作为下任美国贸易代表上就可见一斑。

戴琪是美籍华裔，会讲流利的普通话，1996—1998年获雅礼协会资助在位于广州的中山大学教英语，这已经让她与中国颇有渊源。更值得注意的是，在2007年进入美国贸易代表办公室任职后，戴琪逐步参与处理中美贸易争端。2012—2014年，她担任对华贸易执法首席律师，负责在世界贸易组织（WTO）发起对华贸易诉讼。随后三年，她来到美国众议院筹款委员会担任贸易律师，并从2017年开始为筹款委员会主席和美国民主党成员担任国际贸易事务的首席顾问，直到2020年接受来自拜登的贸易代表任命。作为具有对华贸易执法丰富履历的专家，戴琪似乎能够采取更灵活的和基于国际规则的策略，以实现美国对中国的贸易诉求。

除了具备对华贸易执法的业务能力，戴琪的高光时刻还体现在她在推动《美国－墨西哥－加拿大协定》（下称美墨加协定）加入更为严格的劳工和环保条款上所起到的重要作用。与之前的《北美自由贸易协定》（NAFTA）相比，在劳工条款上，美墨加协定要求在劳资集体谈判中加入工人代表，要求成员国采用国际劳工组织规定的劳工权利，提高劳工权利执法力度，并采用新的劳工价值成分规则等；在环保条款上，美墨加协定要求停止对破坏性渔业的补贴，禁产鱼翅并保护珍稀海洋动物和海洋生态，加强对野生动植物运输的海关稽查并打击非法捕捞，以及改善空气质量等。在美国国会审批特朗普政府2018年签订的美墨加协定时，戴琪在协定中添加了这些让美国民主党、共和党两党都能接受的高标准劳工和环保条款，为协议最终获得国会批准起到了关键性作用，也因此获得了民主党人的好评和共和党人的尊重，更成了她获得下任美国贸易代表任命的加分项。

但是，拜登政府不应当寄希望于依靠戴琪来建立一个可控的、全面的和进步的美中经贸关系。与加拿大和墨西哥不同，中国没有与美国签署双边投资协定和自由贸易协定，因此中美经济关系缺乏约束力的基础规则。另外，在处理对华贸易摩擦上，美国已不再支持使用WTO争端解决机制，并退出了《全面与进步跨太平洋伙伴关系协定》（CPTPP）谈判，而转为依赖单边制裁，因此美国也缺少处理对华经贸问题的多边政策工具和协商平台。更重要的是，在越来越多的美国政界、学界和媒体主流人士看来，中国已经成为美国经济、技术和国家安全的威胁，而不是一个可以轻易信赖的贸易伙伴，因此美国更缺乏接触中国的战略耐心。

可见，戴琪的工作经验和美国国会对她的信赖，能否助益拜登政府管控对华经贸关系，这是值得怀疑的。在制定对华贸易的"万全之策"中，拜登政府仍然要面对艰巨的局面。

高关税率是中美贸易不可承受之重

美中贸易面临的第一类风险来自高关税率带来的高昂成本压力。我们利用 Bown (2019) 提出的出口加权关税来衡量对美中贸易商品的总体关税水平。具体讲,美国对中国出口品(中国对美国出口品)的出口加权关税是产品层面上关税率和出口品权重的乘积,其中权重来自 2017 年具体产品的美国出口占世界总出口(中国出口占世界总出口)比重①。

注：美国对中国出口品（中国对美国出口品）的出口加权关税率是产品层面上关税率和出口品权重的乘积,其中权重是2017年美国出口占世界总出口（中国出口占世界总出口）比重。

数据来源：Bown (2019)

图 1 美国与中国的出口加权关税率（2018 年 1 月—2020 年 2 月）

如图 1 所示,2018 年 1 月以来,美国与中国的出口加权关税率都大幅提高,并经历了三轮上升过程。第一轮是 2018 年 1—7 月初,关税率增长有限。虽然美国在当年开始对中国太阳能电池板和洗衣机征收 30% 关税,但这对出口加权关税率的影响是有限的,税率仅从 3.1% 增长到 3.8%。相比而言,中国关税率在 2018 年 1—3 月保持在 8.0%~8.4%,高于美国的水平,但是得益于中国 5 月和 7 月对外资企业的减税,中国关税率下降到 7.2%。

第二轮是 2018 年 7 月—2019 年 2 月,中美关税率开始大幅度增长。2018 年 7 月、8 月和 9 月,美国先后三次根据特别 301 条款对中国出口品加征惩罚性关税,涉及商品总额累计 2500 亿美元,这使出口加权关税率从 3.8% 增长到 12%。作为对美国的应对措施,中国对美国出口品也加征反制关税,涉及商品累计 1280 亿美元,使关税率从 7.2% 增加到 18.3%。但是到 2018 年 12 月和 2019 年 1 月,中国继续对外资企业减税,并暂停对美国汽车和零部件的加征关税,这使中国关税率下降到 16.5%。

第三轮为 2019 年 3 月至今,中美贸易关税率在上升中趋同。2019 年 5 月和 9 月,美国根据特别 301 法案分别对 2000 亿和 3000 亿美元的中国出口品加征 10%~20% 的关税,使出口加权关税率从 12% 增长到 21%。到 2020 年 2 月初,美国将特别 301 法案涉及的 1150 亿美元中国出口品的加征关税率从 15% 下调到 7.5%,使得税率略微下降到 19.3%。对此,中国只在 2019 年 6 月对 600 亿美元的美国出口品加征关税,但随后允许进口商申请加征关税排除,并继续推行对外资企业信息技术商品的减税,这使中国关税率从 16.5% 上升到 21.8% 的峰值,之后下降到 20.9%。

至此,美国关税率已经接近中国关税率的水平。2018 年 1 月,中国关税率高出美国关税率 4.9 个百分点,到 2020 年 2 月后,则只高 1.6 个百分点。但

---

① Bown (2019) 的原始数据来自 International Trade Centre 的 Trade Map and Market Access Map、中国财政部公告和美国贸易代表办公室公告。

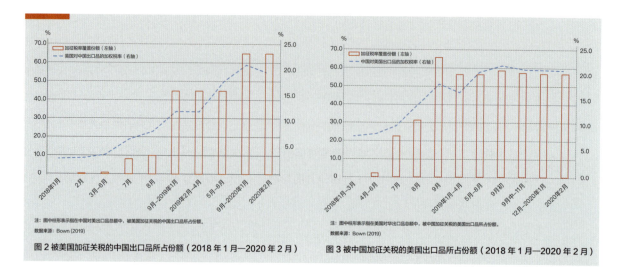

图2 被美国加征关税的中国出口品所占份额（2018年1月—2020年2月）　　图3 被中国加征关税的美国出口品所占份额（2018年1月—2020年2月）

是，这种趋同并不是建立在以规则为基础的贸易协定上，而是建立在中美对大幅上升的关税成本的忍耐程度上。更为严重的是，大部分中美贸易商品仍然在承受这种高税率压力。

图2展示了在中国对美出口品总额中，被美国加征关税商品所占份额。该数字从2018年2月的0.2%增长到2020年2月的64.5%。图3则展示了在美国对华出口品总额中，被中国加征关税商品所占份额。该数字从2018年2月的1.9%增长到2020年2月的56.7%。也就是说，第一阶段协议没有解决高关税率问题：有超过三分之二的中国对美出口品和超过半数的美国对华出口品仍然受加征关税的惩罚。可见，第一阶段协议下，中美并没有形成可持续的公平贸易，反而出现了时刻可能破裂的危险贸易。

美货采购目标达成无望

在高税率压力下，中国采购美国商品已经难以达到第一阶段协议目标，由此导致第二类风险，即采购执行风险。为阐释该风险的程度，我们利用彼得森国际经济研究所的"中美第一阶段协议追踪"数据库（Bown，2020）提供的美国对华出口商品额累计值来考察中国对美国商品的采购情况[1]。

根据第一阶段协议，2020—2021年，中国要在2017年基数之上，扩大自美采购和进口部分制成品、农产品、能源产品和服务不少于2000亿美元，其中2020年加购767亿美元，而2021年加购1233亿美元。按美国对华货物出口口径来看（不考虑服务出口），第一阶段协议覆盖货物的2017年对华出口基数为951亿美元，那么2020年这些货物对华出口目标值应为1590亿美元[2]。

为了给第一阶段协议规定的中国采购和进口提供参考值，Bown（2020）将2020年目标值分解到月，

---

[1] Bown, C.P., 2020, "US-China Phase One Tracker: China's Import Purchases (Through October 2020)," PIIE Chart, Peterson Institute for International Economics (December 4).
[2] 对华出口基数数据由作者整理自美国人口普查局—美国出口数据库。

并对月度值进行了季节调整,由此提供理论上的月度目标值。应注意的是,第一阶段协议并没有规定月度目标值,中国只需要完成协议规定的年度目标值即可。因此,我们使用Bown的季节调整月度目标值仅为讨论提供理论意义上的参考。

图4展示了第一阶段协议覆盖的美国对华出口商品额累计值。显然,从2020年1月开始,每月对华出口实际值就没有达到理论目标值。并且,到10月份,对华出口实际上只完成了目标值的57%,这表明实际值对目标值的缺口越来越大了。按此路径,要求中国在2020年余下两个月补足余下的43%进口目标,这是非常不现实的。

中国无法实现采购目标的原因至少有三。首先,如前所述,第一阶段协议没有取消对中美贸易商品的高关税率,因为这涉及一个悖论。在美国不首先取消惩罚性关税的情况下,中国不会无条件取消反制性的加征关税,这才能保证对美的强硬态度并为今后谈判保留筹码。与之相对的是,美国是根据国内法来加征关税的。如美国贸易代表办公室(2020)提交的2020年特别301报告就坚持认为中国窃取商业秘密、保护商标不力、存在电商盗版和大规模制假售假,并且阻碍制药创新[1]。只要认为中国没有满足相关要求,美国仍然会保留惩罚性关税作为威慑。因此,中美互不相让就导致了这种高关税率对峙的贸易危局。

其次,高关税率下,中国私营部门不会主动去采购美国商品。如图5所示,2020年1—6月中国进口总额中,外商投资企业占41.4%,私营企业占33.7%,它们对扩大中国进口贡献最大。然而,这些私营实体不愿承受高额关税负担。因此,没有来自中国市场主要部分的需求,美国对中国进口难以快速增长。

为完成采购目标,中国更有可能依靠国有企业来扩大美货采购[2]。然而,如图5所示,国有企业进

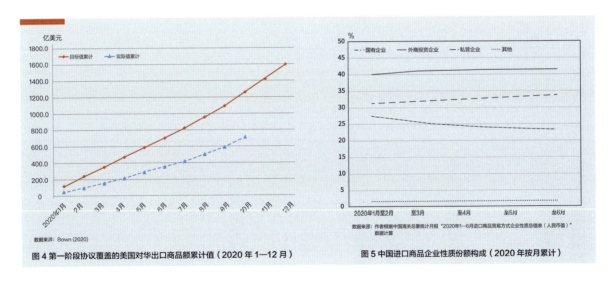

图4 第一阶段协议覆盖的美国对华出口商品额累计值(2020年1—12月)　　图5 中国进口商品企业性质份额构成(2020年按月累计)

---

① Office of the United States Trade Representative, 2020, "2020 Special 301 Report," https://ustr.gov/sites/default/files/2020_Special_301_Report.pdf.
② Bown, C.P. & M.E. Lovely, 2020, "Trump's Phase One Deal Relies on China's State-Owned Enterprises," Peterson Institute for International Economics, https://www.piie.com/blogs/trade-and-investment-policy-watch/trumps-phase-one-deal-relies-chinas-state-owned-enterprises.

口只占中国进口总额的23.2%,它们对扩大中国进口的贡献是有限的。偏重依赖国有企业来扩大美货采购,不但会扭曲中美贸易中的市场出清,更与美国对中国市场化改革的要求相矛盾。

其他贸易伙伴心事重重

最后,更糟的是,2020年新冠肺炎疫情全球大流行对中美贸易造成了强力的负面冲击,这是在磋商第一阶段协议时,中美双方没有预想到的情况。然而,达到第一阶段采购美货目标的前提是中美贸易不受强力负面冲击的影响,可现在事与愿违。根据国际货币基金组织(IMF)2020年10月"世界经济展望"的预测,美国2020年的不变价格GDP将萎缩4.3%,这意味着美国生产的恢复将需要比预期更长的时间。考虑到美国生产紊乱和中国对进口商品采取更为严格的检疫措施,达到第一阶段协议2020年采购目标的可能性更低了。

第三类风险来自其他贸易伙伴对中美第一阶段协议的反制。根据第一阶段协议,中国要扩大采购美国制成品、农产品和能源产品(下称三类产品)。但是,如前所述,在高税率压力下,这种采购扩大行为缺少市场动力,而更可能地会依赖中国的国有企业体系来实现。并且,为满足美货采购需求,中国会减少本来对其他贸易伙伴的需求,挤出它们的对华出口。

为说明第一阶段协议对其他贸易伙伴可能造成的出口挤出风险,我们利用联合国商品贸易统计数据库(UN Comtrade)的对华出口数据,计算主要贸易伙伴占对华出口总值的份额。这些数据是2017年的,因此不受2018年开始的中美贸易冲突和2019年第一阶段协议的影响。如图6-1所示,在对华制成品出口上,美国份额低于欧盟、韩国和日本。如图6-2所示,在对华农产品出口上,美国份额低于巴西,但高于欧盟、澳大利亚和加拿大。如图6-3所示,在对华能源产品出口上,美国份额低于俄罗斯、沙特阿拉伯、安哥拉、澳大利亚和伊拉克。这意味着,在第一阶段协议之前,享受同样最惠国待遇的情况下,美

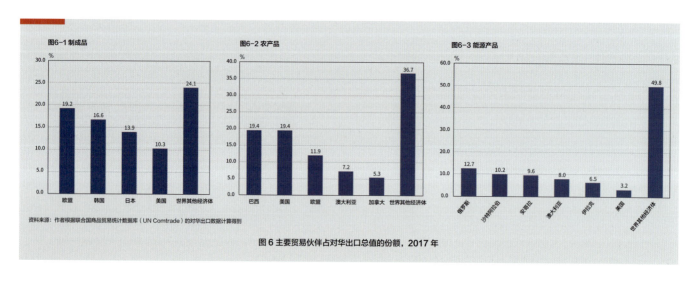

资料来源:作者根据联合国商品贸易统计数据库(UN Comtrade)的对华出口数据计算得到

图6 主要贸易伙伴占对华出口总值的份额,2017年

国对其他贸易伙伴没有绝对优势。然而，第一阶段协议实质上赋予美国进入中国市场并扩大其份额的特权，这是对其他贸易伙伴的歧视，导致它们对美国处于劣势。

为应对第一阶段协议导致的歧视性贸易，其他贸易伙伴很可能向 WTO 提出申诉，但是这需要证据。如上所述，2020 年中国很可能无法完成第一阶段协议采购目标，歧视性贸易的证据可能并不充分。并且，在高关税下，中国私营部门更可能将进口来源从美国转向其他贸易伙伴，这会对冲第一阶段协议所造成的部分对华出口损失。因此，其他贸易伙伴更可能采取观望态度，而不急于针对第一阶段协议而向 WTO 提出申诉。

即便如此，第一阶段协议还是开启了潘多拉的魔盒，导致 WTO 争端解决机制失效。并且，在其他贸易伙伴看来，无论它们申诉成功与否，该协议已经无视 WTO 所维护的非歧视性原则，这更削弱了 WTO 的公信力。由此，其他贸易伙伴更可能学习美国做法，尝试与中国建立新的贸易协定，以确保它们在对华贸易上享有与美国同等的最惠国待遇。这在一定程度上推动了欧盟和中国加速双边投资协定（BIA）谈判，更间接促成了 2020 年由东盟 10 国和中、日、韩、澳大利亚和新西兰共同签署的区域全面经济伙伴关系协定（RCEP）。

拜登不应低估 RCEP 对美中贸易的冲击作用。虽然 RCEP 没有采用像美墨加协定一样的高标准劳工和环保条款，但是它将中国资本与东盟 10 国的劳动力联系起来，还为中国市场找到了澳大利亚和新西兰的农产品和能源出口商，更间接地在中日韩这三个全球主要的制造业国家间形成了自贸区，由此巩固了东北亚和西太平洋地区的区域供应链体系。

为分析 RCEP 对中日韩供应链关系的影响，我们利用 Petri 和 Plummer（2020）的研究结果[1]。Petri 和 Plummer 采用可计算的一般均衡模型，模拟了在 RCEP 下，中日韩的出口动态。表 1 报告的 2030 年的模拟结果有三个特点。首先，从出口总量看，RCEP 不但会促进三国对世界的出口增长，而且会促进三国之间的出口增长。这意味着 RCEP 不但会扩大中日韩与世界的贸易，还会促进中日韩的供应链一体化。其次，从产品分类看，中国不但对世界出口增长量高于日韩，并且在对世界出口中，中国的高级制成品出口增长高于日韩。这意味着 RCEP 会提升中国在全球供应链中的地位。最后，从中日韩供应链层面看，日本对三国出口增长高于中韩，但是中国在高级制成品上的出口增长超过韩国，并接近日本

表 1 RCEP 影响下 2030 年中日韩的出口变化

单位：十亿美元

	对世界出口变化			对中日韩出口变化		
	中国	日本	韩国	中国	日本	韩国
初级产品	5	5	9	3	6	6
初级制成品	45	21	12	23	25	4
高级制成品	185	58	37	60	93	21
服务贸易	7	15	1	5	29	2
国内服务	7	29	4	5	40	4
合计	248	128	63	96	193	36

数据来源：Petri & Plummer（2020）的 Figure 7

---

[1] Petri, P.A. & M.G. Plummer, 2020, "East Asia Decouples from the United States: Trade War, COVID-19, and East Asia's New Trade Blocs," Peterson Institute for International Economics Working Paper 20-9, https://www.piie.com/publications/working-papers/east-asia-decouples-united-states-trade-war-covid-19-and-east-asias-new.

水平。这说明RCEP不但会加深中国与日韩的供应链关系，还会缩小中国高端制造业与日本的差距。

可见，如果拜登不尽快调整第一阶段协议下的中美贸易关系，中国会在RCEP的促进下不断加深自己与东北亚和西太平洋地区的区域供应链联系，这甚至会削弱这些地区对美国供应链的依赖。如此，即便中国无法实现第一阶段协议的采购目标，而美国按照第一阶段协议对中国采取更多对抗性的贸易执法措施，也仍然无法阻止中国与其他贸易伙伴的供应链一体化进程。因此，在全球和区域性供应链中，中国地位不断巩固并继续上升，这是美国不得不接受的事实。

美中应重启经贸谈判

第一阶段协议让美中贸易陷入困境。该协议不但没有降低对中美出口商品的高额关税率，还扭曲了中国对美国的正常进口需求，让中国私营部门不得不寻求美国商品的替代品，并弱化了中国市场对美国供应链的依赖。更重要的是，其他贸易伙伴不会接受第一阶段协议导致的歧视性贸易，而会寻求与中国建立基于规则的也更密切的贸易关系，由此推动了欧中双边投资协定谈判，并促成了区域全面经济伙伴关系协定的签署。随着中国强化与其他贸易伙伴的供应链关系，美国正在丧失越来越多的战略筹码，而单边制裁措施也与美国所追求的对华政策目标日益矛盾。

一个更为务实的策略是，拜登政府需要反思对抗性的单边贸易执法给中美贸易带来的困难，还应接受中国在全球供应链中所起到的日益重要的作用，更应在基于非歧视性原则的贸易竞争中与中国谋求广泛和深入的合作。

参考文献

Bown, C.P., 2019, "Phase One China Deal: Steep Tariffs Are the New Normal," Peterson Institution for International Economics, https://www.piie.com/blogs/trade-and-investment-policy-watch/phase-one-china-deal-steep-tariffs-are-new-normal.

Bown, C.P., 2020, "US-China Phase One Tracker: China's Import Purchases (Through October 2020)," PIIE Chart, Peterson Institute for International Economics (December 4).

Bown, C.P. & M.E. Lovely, 2020, "Trump's Phase One Deal Relies on China's State-Owned Enterprises," Peterson Institute for International Economics, https://www.piie.com/blogs/trade-and-investment-policy-watch/trumps-phase-one-deal-relies-chinas-state-owned-enterprises.

Friedman, T. L., 2020, "Biden Made Sure 'Trump Is Not Going to Be President for Four More Years' Here's What Joe Biden Had to Say about the Future in Our Interview," New York Times, https://www.nytimes.com/2020/12/02/opinion/biden-interview-mcconnell-china-iran.html.

Office of the United States Trade Representative, 2020, "2020 Special 301 Report," https://ustr.gov/sites/default/files/2020_Special_301_Report.pdf

Petri, P.A. & M.G. Plummer, 2020, "East Asia decouples from the United States: Trade War, COVID-19, and East Asia's New Trade Blocs," Peterson Institute for International Economics Working Paper 20-9, https://www.piie.com/publications/working-papers/east-asia-decouples-united-states-trade-war-covid-19-and-east-asias-new.

▶ 本文系2017年教育部"创新团队发展计划"滚动支持项目（IRT_17R24）、教育部人文社会科学重点研究基地重大项目"走向适度增长：需求管理与结构改革"、2014年文化名家暨"四个一批"人才项目和2020年SIIFE课题"后新冠时期中国经济的转型与增长路径：新条件与新机遇"的阶段性成果。作者感谢教育部、上海国际金融与经济研究院和国家留学基金委对本研究提供的资助。文责自负。编辑：潘琦。

如何权衡多边主义与中美关系？

中国自身的改革可以成为多边主义复兴的"前期投入"，
帮助中国掌控局面，建立一个支持非歧视性开放的全球联盟。

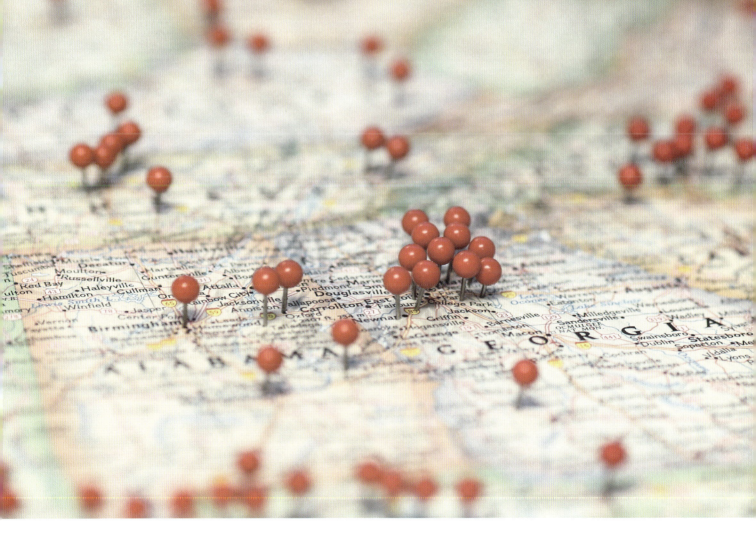

阿迪特雅·马度（Aaditya Mattoo）
世界银行东亚和太平洋地区首席经济学家

当前，受疫情冲击、单边保护主义等因素影响，世界经贸格局正加速演变。全球产业链面临重构危机，中美经贸关系未来仍然难以预料，但中国乃至东亚地区的贸易在这次危机中变得更加区域化。中国采取基于多边主义的战略有利于中国乃至世界的发展，但不一定符合美国的利益。那么，在多边关系和中美关系之间中国应该如何权衡？

东亚是一个依靠贸易发展的区域。在当下贸易局势发生变化的情况下，东亚地区特别需要关注以下三方面的问题。第一，全球价值链的变化。第二，新冠肺炎疫情对服务贸易的影响。第三，在全球局势紧张、分化严重的情形下，各国如何应对这场危机，而中国能够并且应该做些什么。

企业回岸现象没有发生

首先，关于疫情带来的冲击，目前还很难展望到未来的情况，但我们可以回顾过去的经验。我和我的同事有一项研究是关于2011年"3·11"日本地震如何改变全球价值链的，因为日本是全球价值链的重要组成部分。我们通过观察这一灾难是否导致了回岸现象、日本出口停滞，是否引发了其他国家的进口分散、企业外迁等问题，得出的结果非常有意思：在巨大冲击之下，几乎没有发生任何回岸的迹象；全球化进程没有倒退；事实上灾后日本的出口额持续增长。

不过，其他国家选择进口地时远离日本的转变确实也出现了——不是发生在从日本进口量占比低的国家，而更多地发生在对日本进口依赖度较高的国家。所以这场危机似乎造成了一种对"依赖"的反感。如果一个国家过于依赖某种资源，就会想要摆脱这种依赖。正如在这场新冠肺炎疫情引发的危机中，不论在公司还是国家政府决策层面，一些国家似乎都在一定程度上呈现出脱离中国依赖的相似反应。

那么，2011年日本发生地震危机后离开日本的企业去了哪里？我们发现越南的市场份额出现惊人增长，而印度尼西亚的增长就要低得多。这两个国家最大的区别是越南的经济开放度、进出口便利度和经贸联系紧密度都很高，相比而言从印度尼西亚进口就非常艰难。如今，印度尼西亚正考虑实施一些重要的改革。

从中国的角度来看，一个值得探讨的问题是：新冠肺炎疫情的冲击和当年的日本地震的冲击有何不同？我认为主要的区别首先是中国的产能没有遭受破坏，其次是受到疫情冲击的并不只有中国。

出于疫情冲击的考量，海外企业在投资生产选址时，起初可能会选择离开中国。但中国相对较快的复苏已经证明，它是一个相对可靠的投资目的地。但就长期趋势来看，中国人力成本的上涨已经导致一些生产外流到越南等国家。

那么新冠肺炎疫情会带来怎样的影响？与2011年日本地震比较来看可以发现，在电子产品、自动化组件、中间产品和最终产品方面都出现了一些非常有趣的模式。值得指出的是，当企业决定是否应该将生产迁移出一个国家时，需要做一个简单的测算：开办一个新工厂要花多少钱？迁移工厂又能降低多少生产成本？是否值得转移生产取决于节省的生产成本与产量的乘积是否大于开办新厂的成本。

在产量很大的情况下，因为可以从成本节省中获益，企业更有可能迁移工厂。但在新冠肺炎疫情危机削弱全球市场需求的情况下，由成本节省驱动的生产转移就不太可能。

新冠肺炎疫情冲击的是需求，并不像日本地震灾害冲击的是产能，生产迁移的积极性反而会降低。我想套用罗伯特·索罗斯对生产力和增长的表述，他说"我看到IT革命无处不在，除了在统计数据中"。我想说，除了在贸易统计数据中，全球价值链的重新布局无处不在。没有迹象表明世界正在抛弃全球价值链。虽然随着实际用工成本的增长和机器人价格的下降，这场竞赛在继续，生产中心将逐渐远离中国，但从根本上说我们将看到全球价值链更深远的整合。

数字化服务贸易保持韧性

其次，服务业在大萧条之后一直保持着相对的韧性，直到最近全球新冠肺炎疫情暴发。数字革命终于使各个领域有更多的服务贸易。这在新冠肺炎疫情危机之前就已如此，而现在的情况就更令人惊讶。在运输、旅游和其他产业收缩的情况下，电信、信息通信和其他相关业务却保持持续增长。并且我们看到这个趋势正在加速——一方面，由数字化交付的某些服务领域正在创造新的机会；另一方面，其他领域正在持续收缩，特别是菲律宾等国家的旅游业需要时间来复苏（见图1）。包括中国在内的世界各国的数据都可以反映这一趋势。企业出于成本和计算机技术应用便捷性的考量，会持续采用数字化交付的形式，如此一来进行当面交易的理由就不存在了。

东亚从货物贸易和投资中获益良多，在服务业贸易方面仍然受到保护。在图2中，横轴是商品的关税，纵轴是服务贸易限制指数（STRI）。可以看到该地区包括中国在内的许多国家都位于第二象限，也就是说它们在服务贸易受到保护的程度比商品贸易的要高。

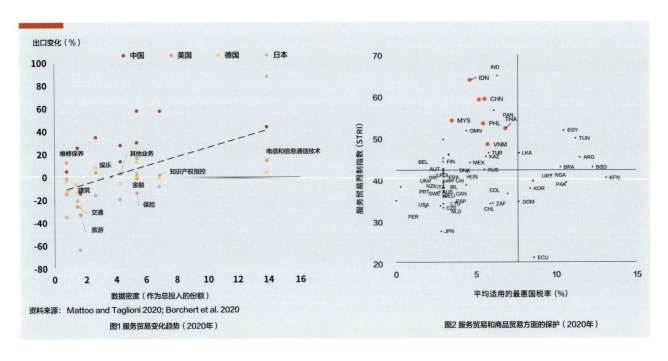

资料来源：Mattoo and Taglioni 2020; Borchert et al. 2020

图1 服务贸易变化趋势（2020年）

图2 服务贸易和商品贸易方面的保护（2020年）

维护多边开放，对中国利害攸关

最后，一个有趣的观察是，中国乃至东亚地区的贸易在这次危机中变得更加区域化。虽然中国对世界其他地区的出口在收缩，但对东盟五国的出口在这一时期实际上却增加了。

这种区域化也是一个长期趋势的延续，不仅体现在货物方面，也体现在投资方面，甚至还体现在知识产权中。相比世界其他区域，东亚国家更依赖于区域内的国家。因为在这个阶段，东亚地区正在复苏和内部整合，正通过促进区域内各国之间的贸易，在一定程度上避免由于需求和供给冲击导致的东亚国家对外贸易收缩的影响。

但这确实也意味着，中美经贸协议中所承诺的目标不太可能实现，而这可能成为新一轮贸易摩擦的源头。因此，我们认为中国可以抓住机会扭转中美经贸协议，而不是试图就协议目标进行艰苦的重新谈判。简言之，中国应与美国一起将协议多边化，将基于特权提供给美国的自由化待遇扩大到世界其他国家；将该协议作为中国国内深化改革的基础，向所有国家开放市场。我们的研究表明，这符合中国的最大利益——它有可能将中国的 GDP 增长率提高 0.5 个百分点，也能为东亚地区的 GDP 增长率贡献 0.5 个百分点。这样也可以使中国掌控局面，并恢复与其利益攸关的多边开放。

中国采取基于多边主义的战略有利于中国乃至世界的发展，但不一定符合美国的利益。这可能会影响到对中美关系的维系。相比中国奉行的多边自由化，美国从中国市场的特权准入中获益更多，但我认为中国可以完全掌控局势。

中国自从加入世贸组织以来，经过一系列重大的变革和开放，已经成为一个比以往任何时候都更加开放的国家。但中国也面临着一些问题：首先，在农业方面，金·安德森和比尔·马丁已经发现一个有趣的现象，许多发展中国家，特别是中国，正在重蹈工业国家的覆辙——从对农业征税转变为开始补贴农业，对农业部门的支持越来越大。我认为这是一种新的系统性扭曲。其次，在服务业方面，虽然中国已经有了很大的动作，但根据目前披露的信息，无论在保险业还是银行业，外企在其中一些领域的市场份额仍然相对较小。在通信领域或者在基于互联网的服务领域，外企的市场份额仍然受到限制。

还有一个大问题是，在整个服务领域，牌照都是核心。不仅在中国，在其他任何地方都是如此。虽然在货物贸易中基本上已经不需要许可证了，但如果想成立一家银行、电信公司或牙科诊所，还是需要牌照。所以我认为，中国许可证分配上的自由裁量仍然是一个问题。中国在多个领域对外资都有明确的限制。例如，在电信领域，中国仍然对外资所有权有控制。在法律服务和金融方面虽然有了进一步开放的举措，但还是有一系列的限制。不过，从中国与美国起草的协议还是可以看出中国进一步开放市场的行动方向。

我对跨度两百年的贸易进行了长期观察。图 3 中的浅灰色线显示了英国所占的份额，黑色线显示了美国所占的份额，橙色线则代表了中国所占的份额。当我们回顾贸易体系演变的历史，会发现鸦片战争时期的阴霾掩盖了一些非常值得深思的问题：英国人在 19 世纪 40 年代前后要求中国开放港口时，并没有要求与中国进行排他性的贸易，而是要求中国向全世界开放。这是一段英国自信满满、占据主导地位的时期，这是所谓的"不列颠治世"（Pax Britannica）时代。英国宣称其实行"自由贸易帝国主义"，不但自己开放，也会迫使其他国家开放，而不是寻求排他性的安排。这种对开放的多边主义的承诺在 19 世纪 90 年代受到欢迎，当时德国和美国开始迎头赶上。

我们可以看到当时英国议会关于英国的知识产权被盗取的叙述。在当时的宾夕法尼亚有一位名人斯莱特，他被

中美竞合新出发

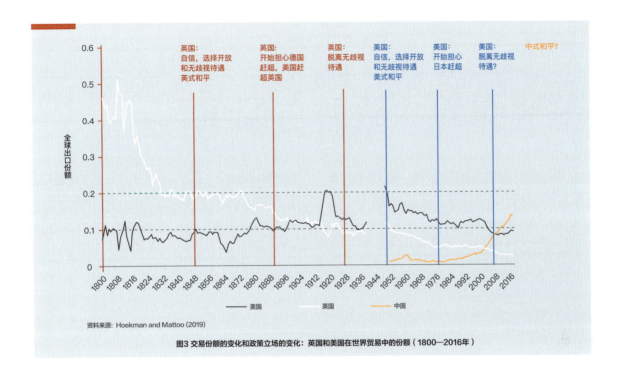

图3 交易份额的变化和政策立场的变化：英国和美国在世界贸易中的份额（1800—2016年）

英国人称为"叛徒斯莱特"（Slater the Traitor），却被安德鲁·杰克逊称为"美国工业革命之父"。这些都是非常有趣的故事。直到19世纪80年代中期，英国占全球贸易份额约为20%。当其份额在20世纪20年代末下降到10%以下时，英国第一次放弃了这种开放。那就是帝国特惠制（Imperial Preferences）出现的时候，它要求殖民地给予英国独家贸易权。这令我很惊讶，我本以为这会是整个殖民地时期的特征，但实际上却是在20世纪20年代，当英国的统治地位开始下降时，它才放弃了非歧视性原则。

无独有偶，这样的情况与美国惊人的相似。第二次世界大战结束时，美国在世界贸易中的份额超过了20%。美国发起并负责创建了关税与贸易总协定（GATT）和多边贸易体系，这就是所谓"美国治下的和平"（Pax Americana）。这个体系的第一次动摇发生在日本威胁要迎头赶上时，当时日美就自愿出口限制进行了谈判。

这种让步发生在特朗普政府之前，是在奥巴马政府发起跨太平洋伙伴关系的时候，我认为这是一种现代版的"帝国特惠制"，其目的是创造一种排他性的安排。而且我认为这恰好发生在西方鼓吹"中国威胁论"之时。因此，这是一种历史模式。我和鲍勃·斯蒂克揭示了这种霸权衰落的现象如何导致美国背叛自己多边贸易体系支柱的角色。

现在的问题是中国在当前形势下的立场。我认为中国将逐渐占据更强的主导地位。与其他主导国家一样，维护开放的多边贸易体系一直与中国休戚相关，着眼未来更是如此。事实上，这对美国也是如此，但它有时在政治上是短视的。这是中国更宏大的目标，中国仍然可以从可预测的、开放的政策中获益良多。中国自身的改革可以成为多边主义复兴的"前期投入"，随着其主导地位的提升，这将非常有利于中国。但中国这样做，美国会满意吗？也许不会。但这么做将帮助中国掌控局面，并建立一个支持非歧视性开放的全球联盟，也可能有助于中国抵制经济上低效的政策选择。

▶ 本文根据"复旦金融公开课"中魏尚进与阿迪特雅·马度的对话整理，仅代表对话者个人观点，听译：吴畏，编译：潘琦。

中美博弈的"傲慢与偏见"

如果说特朗普政府在中美关系上进行的是零和博弈,拜登政府更可能以"竞合"来处理两国关系。

受访者
王永钦
复旦大学经济学院教授、博士生导师

采访者
潘 琦
《复旦金融评论》编辑总监

中美竞合新出发

技术追赶与货币主导将帮助中国成为无可替代的一流大国，这让美国很多政客担忧。拜登时期的竞争格局会发生怎样的变化？区域合作和双循环战略如何助力中国发展？

赶超型大国，金融开放需审慎

FFR：在与美国竞争博弈的过程中，中国如何避免踏入"大国赶超陷阱"？美日、英德的竞争局面对我们有何镜鉴？

王永钦：中美当前的竞争格局很像20世纪80年代末美日之间的关系。1979年，哈佛大学中国问题专家傅高义教授研究亚洲经济发展，撰写了一本题为《日本第一：对美国的启示》的书。当时美国的学术界和政界都觉得日本的发展势不可挡。从20世纪50年代后半期至60年代后半期，日本实际GDP增长率保持着年平均10%的增长率，其1955—1970年的年平均增长率也同样高达9.6%，与中国改革开放40多年来的情况非常相似。同时，中日两国**在赶超型的经济下，采取的都是政府主导的"发展型国家"战略。**

如果从大历史视角看，其实德国当年赶超英国采取的也是这种战略。当时的德国也是后进国家，国家内部诸侯林立，各个独立的区域之间都设立关卡、收取过桥费。1871年德意志统一，铁血宰相俾斯麦开始国内的整合，对外采取的也是国家干预的发展模式，短短几十年间德国经济就超过了英国。

德国、日本和中国等国家的经济发展相似，在短短三四十年内经济快速增长，年增长率保持在5%~6%以上。但这些国家因高度依赖外贸，若原有杠杆水平较高，一旦遭遇如2008年全球金融危机之类的负面外部冲击，其经济发展速度就会发生断崖式下滑。日本当年的经济泡沫也是过高的杠杆水平所致。而如今的中国和当时的日本相似度很高，尤其是在以房地产作为抵押的高债务杠杆方面。

相对而言，英美和日德这两类国家的增长模式有非常大的区别。英美模式下政府干预相对较小，在一百年间其经济保持缓慢而持续的增长。例如，美国经济在过去一百年间，以年均2%~3%的速度稳步增长。而在日本这类发展型政府主导的经济发展模式下，经济会在30多年左右的时间内高速增长，但此后经济增速会有较大的跌落。以日本为例，从20世纪90年代经济泡沫破灭之后到如今的大约30年间，日本经济几乎是零增长。

另外，值得一提的是，中国和日本在金融发展方面也非常相似。两国的金融都不够发达，居民没有好的手段化解自身风险，即资本很难转化成投资，只能通过储蓄避险。因为内需不足，国内消费不了的产品和服务只能出口到海外，储蓄率很高的国家必然出现贸易顺差。同样，金融不发达的贸易大国（如日本）一旦放松外汇管制，开放资本项目，国内外资本自由流动，利率、借贷成本、汇率就会相应上升，对出口造成打击，阻碍经济发展。当年日本签订《广场协议》之后，出现的正是这种局面。在金融开放方面，中国要吸取日本当年的教训，谨慎推行金融开放。

此外，由于外汇管制的存在，中国百姓不能到海外购置房产、投资股票；而国内金融市场成熟度低，以至于民众将房产作为投资品，住房泡沫严重与此有关。但如果中国的资本账户开放,就可能出现资本外逃。中国在2014—2015年已经出现过非常严重的资本外逃,中国的外汇储备从接近4万亿美元下降到3.3万亿美元。

我们从日本的经验里吸取的重要教训就是金融开放一定要审慎,否则完全有可能打乱国内的相对价格,触发资产泡沫的破灭。因为在过去二三十年中,土地和住房是中国在银行融资和贷款方面最重要的抵押品。如果房地产价格暴跌,银行会出现很多坏账,债务问题会更加严重。

零和游戏:科技之争与货币主导

FFR: 中国在突破性创新方面逐渐掌握领先优势,引发了美国的担忧,牵制中国发展的实体清单意味着什么?美国还会担心中国在哪些方面的领先优势?

王永钦: 从历史来看,大国之间的竞争,如果仅限于商品贸易,并不会那么让人担心。因为纯粹的贸易顺差是金融问题。一个国家金融发达了,储蓄就会少,这个国家贸易就会形成逆差,所以贸易逆差不是美国的弱点,其反映的是美国的金融强势地位和国际间金融发展的不平衡。但如果技术领先与货币主导这两方面能够助力中国成为无可替代的一流大国,美国政府、政界和其他领域的精英就会非常担心。

一方面,中国有可能在颠覆性技术的标准设定方面拥有主导权,这让美国政府担心。如果中国在5G、人工智能、数字经济等领域有重大突破,成为世界标准制定者,那么美国就会很被动。从历史来看,涉及标准制定的技术非常关键,当年德国超越英国的重要原因就是它在技术标准设定方面拥有了主导权。制定技术标准的主导权具有"赢者通吃"的效应。美国政府的担心从最近两年美国对华为的封锁就能看得出来。目前来说,美国的芯片技

术等仍然是遥遥领先的。特朗普对中国的技术限制尽管给硅谷的公司带来了巨大的损失，但它宁可采取"杀敌一千、自损八百"的方式来阻击中国的科技崛起。

另一方面，人民币未来成为世界主导货币的可能性也让其他主要经济体担心。因为一般而言，经济实力全球领先的大国，其GDP站上世界第一的位置，其货币将会占据主导地位，虽然这个历史进程可能耗时很长。比如，英镑曾经是全球流通性最强的货币，后来为美元霸权所取代。虽然货币的转移是一个漫长的过程，但人民币如果具备全球贸易结算、大宗商品定价、债券发行等功能，其特权地位就会逐步确立。人民币一旦成为主导货币之一，金融霸权的美元就会退出历史舞台。

竞合之舞：拜登的政策或更具建设性

FFR： 目前，麒麟芯片已经绝版，在短时间内攻下芯片研发技术也很难实现。您如何看待华为等实体清单上的高科技企业在拜登时代的处境？

王永钦： 芯片研发确实绕不过去，中国必须大力发展芯片产业。拜登时期的局面会相对乐观。特朗普采取的是"美国至上"（AmericaFirst）的政策，但这可能不是民主党的政治纲领，拜登想解决很多当前的现实问题，比如国内的收入差距、全球气候变暖或是让美国重新领导世界。他可能会重新加入《巴黎协定》，并在其他领域寻求全球合作，这些问题都需要中国的参与。如果说特朗普在中美关系上进行零和博弈，拜登更可能以"竞合"来处理两国关系。所以，在这方面我是相对乐观的。

FFR： 因此，您认为不存在所谓中美硬脱钩的情况？

王永钦： 是的，我觉得"脱钩"的说法言过其实了。观察各类数据可以发现，最近一两年，中美非但没有脱钩，而且某些方面的关系更加密切了。特别在金融领域，美国在中国的投资额远远超过了前几年。尤其是疫情以来，很多美国金融机构投资中国的债券和股票。因为他们看到在全世界的波动中，中国市场更加可靠。而美国想通过SWIFT清算系统和CHIPS支付系统将中国排除在外的可能性也不大，因为跨国交易往往你中有我、我中有你。

在经济方面可能涉及的贸易和分工格局脱钩，实际上也是很难实现的。在全球范围内，很难再找到像中国一样产业链完善的国家了。特朗普刚上任的时候，就和美国大公司的CEO们座谈，让这些公司将海外的工厂搬回美国。苹果公司CEO库克当时就明确表示不可能。因为中国的基础设施、产

业链和劳动力成本这些方面的综合优势是其他经济体很难相比的。从数据上可以发现，特朗普原本想消除或减少美国的贸易赤字，而实际上近年来美国的贸易赤字更严重了。2020年8月美国贸易逆差跃升5.9%至671亿美元，为2006年8月以来最高水平。因为美国企业从其他国家进口零部件的成本可能更高。因此，大规模的中美经济脱钩也是不现实的。

FFR：您认为与特朗普政府相比，拜登时期的中美关系将形成什么样的新格局？

王永钦：总体而言，民主党的政策是比较理性的，未来中美关系的不确定性会下降。与特朗普出尔反尔、戏剧性的策略不同，拜登的政策的不确定性会降低，两国的关系会出现更多的竞合性特征，而非零和性。在政策方面，拜登会优先考虑美国国内的经济问题和疫情应对，采取更大的财政刺激方案。

渐行渐近，亚洲世纪与中国崛起

FFR：您认为中国在全球价值链地位提升上可以有哪些作为？

王永钦：实际上，与过去二三十年相比，近几年中国产业链提升和技术进步的速度非常快。中央政府已经将高质量发展作为未来阶段发展的核心内容，我认为应以科技创新来促进中国经济的发展，提升创新在重构价值链中的作用，并且在全球整合资源。

如果我国东部地区能提升自主研发和设计的能力，也可以成就像苹果一样产业链最高端的企业，再将其中的一些生产环节外包给中西部地区，甚至是其他发展中国家。实际上，这样的情况已经发生了。这也是中国未来跨越中等收入陷阱、成为创新主导国家的必经之路，正如韩国以三星为主的大企业走出的创新之路。在此过程中，政府需要加强知识产权保护、产学研合作，在融资方面支持民营企业创新。

亚洲的一体化程度远没有欧洲那么深。第二次世界大战后以法国和德国为主推动的欧洲一体化，体现在欧共体、欧盟和货币的统一。而此前亚洲在推进这方面的合作并不是特别顺畅，而最近可能由于美国的关系，亚洲区域合作正在提速，亚洲其他国家看到中国作为大国的崛起已经势不可挡，包括中国在内的15个成员国达成的《区域全面经济伙伴关系协定》（RCEP）将通过自由贸易协定的方式对中国的产业链重构和整个亚洲区的产业重构产生重要的影响。而"亚洲世纪"正在成为现实。在2050年前后，亚洲的GDP可能会超过其他所有地区，达到全世界的一半。

从世界格局角度来看，有两种贸易制度的安排。一种是WTO的多边制度，所有制度对所有成员国一视同仁。WTO的制度安排，限制性太强，无法就双边独特的条件进行谈判，导致很多国家不愿意加入了。所以目前看来，WTO的运作算不上成功。多哈会谈以后，很多国家都在寻求更适应它们实际情况的、区域性的自由贸易协定（FTA）。所以双边的或者是区域性的FTA逐渐替代WTO正在成为趋势。中国加入RCEP的举措，已经走在了世界前列。亚洲拥有各个层次、各个发展阶段的国家，区域性的FTA有利于亚洲产业链分工。

中美竞合新出发

FFR： 您如何看待中国的双循环战略，特别是内循环对中国未来经济结构的影响？

王永钦： 我认为即使没有中美贸易冲突，双循环对于中国目前的局势也是势在必行的。通常来讲，大型经济体都依靠内需来发展，而中国的贸易依存度非常高。因此中国经济需要再平衡，调整到主要依靠内需的结构。税收和债务问题是内循环战略两个最大的障碍。

首先，要通过税制改革，缩小收入差距。税收的负担会抑制消费。中国的税制存在很多问题，所得税税负落在中产阶级身上，特别富裕的阶层税收负担相对较小。我建议实行更加累进的税制，来缩小收入差距，提高国内的需求。

其次，要控制和减少家庭债务的规模。2007年中国家庭债总额不到4万亿元人民币，2018年末中国家庭负债总额为73.65万亿元，占GDP的82%，达到家庭可支配收入的187%，增长速度过快了。其主要原因是2008年金融危机期间，中国不像美国一样施行减税、财政补贴等措施，而是以四万亿计划刺激地方政府、企业和家庭债务。中国的房价上涨超过一倍，70%~80%的家庭债用于住房抵押贷款。如果家庭债高企和房地产暴涨的问题不能改善，就不能刺激消费，就会限制"内循环"。历史经验表明，大部分经济衰退与家庭债过高有关。对此，中国需要吸取美国住房抵押贷款市场崩溃的教训，有效控制家庭债务杠杆，以提升国内需求。

▶ 本文仅代表访谈者个人观点，采访 / 编辑：潘琦。

拜登时代，
探索更稳健、更包容的新型大国关系

当前中方已表明原则和立场——秉持不冲突不对抗、相互尊重、合作共赢的精神，加强沟通，聚焦合作，管控分歧。未来中美关系的走向，很大程度上取决于美方能否做出积极有效的改变。当以谨慎乐观的态度，期待中美关系朝着健康的方向调整。

中美竞合新出发

沈 逸
复旦大学国际关系与公共事务学院教授、院长助理
复旦大学网络空间国际治理研究基地主任

中国和美国作为全球前两大经济体，其关系走向对世界的稳定与发展至关重要。2020年美国总统选举后，中美关系将向何处发展，日渐成为各方关注的焦点。

从逻辑视角上来看，中美关系的发展，或将分为三种基本场景：**乐观场景**，即中美关系出现大规模良性调整，甚至在某种程度上重新回到2016年之前的轨道；**悲观场景**，即中美关系出现更显著的负面趋势，在特朗普政府对中美关系已构成损害的基础上，继续朝着全面脱钩乃至冲突和摩擦的方向前行；**中性场景**，即中美关系出现某种有限度的调整，在中方反复强调的"秉持不冲突不对抗、相互尊重、合作共赢的精神，加强沟通，聚焦合作，管控分歧"的方向上前行。

从相对务实与客观的视角来看，美国大选后中美关系的走向，或将以中性场景为中轴，以有限幅度波动的方式，进入一个相对稳健发展的轨道；悲观和乐观场景出现的概率相对较低。

制约中美关系积极调整的美国因素

美国国内政治生态和拜登团队的特点，决定了美方无法对中美关系进行大幅度的积极调整。从美国的立场来看，影响中美关系的因素至少包含结构性因素与行为性因素两大类别。结构性因素主要包括中美两国力量的客观对比、美国国内政治-经济-社会生态的变化以及中美两国关系发展所产生的客观后果；行为性因素主要包括美国精英的认知因素、美国国内民众的认知因素以及美国行政权掌控者即美国总统的认知因素。这两种类型的因素交互作用，构成了影响中美关系变化的某种具有生态系统属性的结构，这种结构影响着美国对华战略决策与政策制定过程。

美国总统对华战略与政策制定，面临上述结构形成的三个约束机制：一是美国对中美两国实力对比变化的主观认知机制；二是美国对华政策的国内政治认知转化机制；三是美国总统个性化特征决定战略与政策调整的动力机制。

第一，关注"相对利益"，美国的民主党、共和党两党视中国为威胁。从主观认知机制来看，目前美国国内两党之间形成了所谓的跨党派共识，即中国实力的增长——

包括经济体量、军事体量以及行为模式中"自信"特征的持续涌现——构成了对美国在国际体系中霸权优势的冲击和挑战。基于这种认知，美国更倾向于将中国的举动定义为威胁而较少考虑中方合理的利益关切；更习惯要求中方采取主动行动以满足美方提出的要求而较少考虑这种要求本身的合理性；更容易感知到自身遭遇的威胁和挑战而较少关切是否有调整美国对华战略与政策的必要。在国际关系理论中，美国这种主观认知机制属于结构现实主义者描述的关注"相对收益"，即关注力量和收益在不同国家的分配比例，而非关注"绝对收益"，即关注自身力量和收益在纵向时间维度的变化。当关注"相对利益"的国家认为"相对收益"不利于自身时，更容易采取冲突而非合作的立场。

第二，政党竞争规则之下，拜登政府将更着眼于短期利益。 从国内政治认知转化机制来看，美国总统拜登面临的美国国内政治生态，更加鼓励其对华采取强硬立场，而非有助于促成合作的温和态度。尽管在方法上有争议，但客观上美国国内目前对特朗普执政期间的对华战略以及具体的政策主张，总体上持正面评价，即认为特朗普虽然采取了一些不当乃至错误的方法，但他对华强硬施压的立场，确实反映了美国的利益诉求。真正引发争议的地方在于，特朗普采取了单边施压的方法，疏远了美国的传统盟友，过度偏好关税等不恰当的政策工具。回顾2020年美国总统选举，以普选票的数据来看，截至2020年12月7日，美联社发布的统计结果表明拜登获得了超过8,100万票，而特朗普也获得了超过7,400万票，两者均创下历史纪录，其得票数均远超2008年奥巴马参选时创下的6,900万票的纪录。考虑到拜登任期内的2022年国会中期选举以及目前民主党在国会的席位分布（目前美国民主党在参议院和众议院内仅有微弱优势），2024年拜登大概率会因为年龄原因不宜参加总统选举，美国国内竞争性政党政治的游戏规则，显然会促使拜登更加着眼于短期政治收益，任何着眼于中长期收益的指向温和与建设性的对华政策调整，都将面临国内政治成本的约束。

第三，新领导人个性稳健圆滑，"破冰"空间有限。 从决策者个性化的动力机制来看，拜登本人并非一个强势的政治领导人，其所持有的意识形态立场和基本政治态度，对中国而言也很难视其为传统意义上的对中国偏友好的"老朋友"。作为一个有长期从政经验的老牌政治人物，拜登的特点是在美国传统的精英建制派架构内进行合纵连横，以圆滑而富于弹性的方式，进行各种层面上的"交易"。其年龄特征、政治立场、性格要素以及长于得失盘算与利益勾兑的能力谱系，都约束了其作为一个传统意义上强势型领导人进行某种"破冰"行动的空间。目前拜登对中美关系已有一些正式表态，包括"不会马上取消特朗普政府对中国出口美国一半以上的商品增收25%的关税，也不会废除与中国签署的第一阶段贸易协议"，以及计划对特朗普政府对华政策做一个全面评判，并与美国在欧洲与亚洲的盟友积极磋商，"才能制定一个前后一致的策略"。这些表态清晰地凸显了拜登政策选项的稳健协调和圆滑特征。而其有关中国贸易行为方面的关切，包括美国老生常谈的技术转让、专利保护、商业窃密、国企补贴、市场准入等，则已经暗示相对特朗普单纯依靠关税挑起贸易摩擦的方式，某种更具复杂性和不确定性的局面，或将在某些时刻出现在拜登任内的中美关系中。

除上述机制外，就面临的客观任务而言，拜登政府四年任期之内，在中美关系之外，至少面临四项主要任务：其一，有效控制美国国内的新冠肺炎疫情；其二，保障美国国内经济的稳定发展；其三，修复与传统西方盟友的关系；其四，在全球多边体系中修复特朗普政府造成的美国领导力的损失。结合美国精英的总体认知以及美国国内的政治生态，从紧迫性来看，这四项任务客观上都可能获得高于中美关系良性变革的优先顺位。尽管有人指出，美国想要控制新冠肺炎疫情，并修复全球多边议程中的领导地位，可能都需要与中国建立合作关系，但是这两个领域的合作，均可能以一种与中美关系总体保持相对距离的独立方式开展。更直白地说，既然中美关系在经贸、安全、人权以及意识形态等方面没有出现实质性的调整，对于美国在新冠肺炎疫情控制以及气候变化、防止核扩散等领域提出的合作性要求或建议，中方也很难完全基于与中美双边关系改善直接挂钩的方式进行回应，因为这种挂钩逻辑下的回应同样可能触及中国在全球治理等广义议题上的得失。简而言之，中国很难因为美方在双边关系上的负面做法，就直接在全球性议题上简单采取"对等报复"的做法，因为这会直接损害全球多边治理的合作，而且也会构成对中国国家利益的损害。

拜登时代，中美关系何去何从？

基于上述分析，基本可以判断，拜登政府任期内，中美关系可能呈现具有如下三个方面特征的变化。

第一，中美关系或将稳健发展，难有实质性突破。 中美关系整体进入一个有限幅度盘整的阶段，维持相对稳健的发展态势，但是朝着建设性方向、出现实质性突破的概率比较有限。作为美国传统建制派精英，拜登与特朗普最大的不同在于，其决策团队的构成将体现某种比较显著的精英回归的态势。这批精英的认知与行为逻辑，特别是在处理具体问题时的行为风格，有较大概率与特朗普政府团队形成比较鲜明的反差。对于中美关系的发展来说，这将有助于促成双边关系回归曾经的对话机制和轨道。但是，基于美国对中国的战略认知，美国对华态度不会出现实质性变化，因此很可能出现的情况就是中美两国在传统对话与沟通机制内，展开远比2016年之前更加激烈的博弈乃至较量。从表现形式上来说，拜登政府采取的方式可能与特朗普政府直接突破常理的极限施压存在较为显著的区别，

但其压制中国发展的实质，很难出现真正意义上的或者说符合中方预期的调整与变化。

第二，美国以多边主义向中国施压，但美欧同盟"破镜难圆"。 中国可能会感受到某种具有整合性的多边压力增加，但是美欧之间的一致性也将呈现出相当程度的削弱和降低。拜登入主白宫的消息基本确认之后，欧盟已经出台了美欧共同应对中国挑战和威胁的战略文本，试图用欧洲的"大脑"，来指挥美国的"肌肉"。换言之，欧盟固然希望构建在对华政策上的"西方一致"，但是在经过特朗普政府的冲击之后，传统的美欧关系已经出现了某种"破镜难圆"的迹象。欧盟在重新向美国积极靠拢的同时，也明显表现出谋求更大主动性和自主性的迹象。这对于拜登政府来说，一方面意味着可以获得以多边主义应对中国挑战和威胁的机遇，另一方面也意味着在美欧关系整合方面要付出更大的代价，但是这种代价的支付，又会受到美国国内政治生态撕裂状态的掣肘。对于中国而言，也会因此获得更多辗转腾挪的空间和余地。

第三，经贸博弈或更趋复杂，中方已有所准备。 中美经贸－金融领域的关系，在拜登时期将表现出更多的复杂性和系统性，不确定性的风险可能会有所降低，但中国面临的整体性战略压力可能不会出现实质性减弱。在特朗普政府任内，通过极限施压开打"关税牌"以及在高技术领域采取某种突破常理施压的方式，短期内对中国形成了心理与实体两个层面的压力。但在经济规律自身作用，中国通过坚持改革开放和坚持底线的方式进行有效回应，以及美国应对新冠肺炎疫情失败等三个方面因素的共同作用下，这种压力并没有产生预期的效果，甚至在某种程度上趋于实质性的失败。可以预期拜登任内美国在关税等领域可能以相对渐进的方式，对原本不合理的施压措施进行一定限度的调整。但是在中美高科技竞争、中美经贸结构性问题等方面，美国对中国施压的概率将呈现上升态势，施压手段也将回到美方短期内能够保持相对比较优势的多边主义和机制化的领域。中国已经对此有所准备，通过签署区域全面经济伙伴关系协定（RCEP），并表示愿意考虑加入全面与进步跨太平洋伙伴关系协定（CPTPP），以及出台以高质量发展、新发展格局等为核心概念的"十四五"规划的方式，进行了具有前瞻性的预防性回应。

回归理性务实阶段

从直接的案例来看，可以预期拜登入主白宫之后，针对华为等中国高科技企业的精准限制，有较大概率继续保持；对中国所谓军民两用技术的获取，会呈现进一步强化管制的态势；对中国企业在美国的正常行为，包括投资、收购、上市等，也会出现系统化的规制。所谓"脱钩"的战略，将会进入一个相对理性务实，也因此更加精准或者说明确的阶段：美方可能会停止那些明显违反基本经济规律和商业规则、不具有合理性的极限施压行为，TikTok 和 WeChat 等在美国的正常运营业务，可能实现某种务实的解决方案；但是在跨境数据流动管控，美国用户隐私保障，中美高科技正常交易，对等的市场开放与准入，高质量的知识产权保护，更加体现美方需求的技术转让规范，更加严格的中国企业赴美国上市管控，政府采购、补贴、国有企业等议题领域，中美可能以密集谈判形式展开比特朗普时期更高强度的博弈。

就中方的选择而言，无论是中国政府还是中国企业，都必须以更加务实和理性的态度，自信应对已经并将持续发生实质性改变的中美关系的新发展态势。2020年8月—2020年12月，中国国家主席习近平、国务委员兼外长王毅、外交部副部长乐玉成，以及中国驻美国大使崔天凯，以中美关系史上罕见的密度和强度，发表了大量内容完整、目标一致、战略清晰的外交信号，阐述了中方对中美关系的基本立场，其核心就是秉持"不冲突不对抗、相互尊重、合作共赢的精神，加强沟通，聚焦合作，管控分歧"的原则立场，回应美方的不合理要求，努力推动中美关系重新回到以对话解决分歧和矛盾的良性发展轨道上来，谋求建立一种更具包容性和韧性的新型大国关系。中美之间的实力对比变化，客观上也有利于中国推进一种负责任的建设性的中美关系大战略。

1949年以来的中美关系历史已经清晰地证明，一个良好的中美关系对中国，对美国，对世界，都具有至关重要的积极意义。中方已经表明了自己的态度、原则和立场，中美关系未来的走向，很大程度上取决于美方能否做出积极有效的改变。当然人们会乐观地预期拜登政府有足够的智慧和勇气做出建设性的调整和决定，但在相关结构性机制和因素的制约下，人们应该更多地以谨慎乐观的态度，期待中美关系朝着健康的方向渐进调整，以平常心争取尽可能良性的成果。F

▶ 本文仅代表作者个人观点，编辑：张静。

拜登的"罗斯福时刻"

中美未来的竞合格局,取决于各自内循环的效率和外循环的张力。

邵 宇
复旦大学泛海国际金融学院特聘实践教授
东方证券首席经济学家

陈达飞
东方证券财富研究中心＆博士后工作站主管、宏观研究员

选举人票认证程序尘埃落定，漫长的 2020 年美国大选终告一段落。乔·拜登（Joe Biden）及其团队于 2021 年 1 月 20 日正式入主白宫。

历史观之，白宫行政效率不仅取决于总统及其团队的智慧和履历，还取决于两党在国会力量的对比。在参议院改选中，民主党艰难赢得佐治亚州两个席位，两党席位比 50:50，再加上副总统卡玛拉·哈里斯（Kamala Harris）的投票权，民主党占参议院多数席位。在众议院改选中，民主党席位优势有所下降，但仍占多数席位。所以，民主党在本次选举中夺回了白宫的行政权和国会的立法权。"拜登新政"落地的前景更加乐观。但是，美国两党在政治－意识形态上的分歧在唐纳德·特朗普（Donald Trump）任期内达到了第二次世界大战后的峰值，本次选举过程和结果是集中呈现。"特朗普的幽灵"或仍将徘徊在华盛顿的上空。拜登的清洁能源和重回伊朗核协议等计划仍可能面临阻力，因为共和党领袖米奇·麦康奈尔（Mitch McConnell）曾声称，不允许任何气候计划在参议院通过。他也是支持特朗普退出伊朗协议的关键人物。这些领域的分歧，将考验民主党人的智慧。但在财政支出、医疗和社保体系改革、制造业振兴、就业增加以及对华政策等方面，两党的共识大于分歧。

美国的主要矛盾不在于外，而在于内。拜登政策的重心也在内政。新冠肺炎疫情的冲击是一场社会实验，其对不同阶层、族群造成的非对称性冲击深刻揭示了美国社会的结构性不平等和社会安全网的缺陷。经过近半个世纪的积累，美国的贫富分化水平已经接近第一次世界大战前夕。而作为结果的收入和财富分配的不平等反映的是种族歧视、教育机会不均等和全球贸易规则的非对称性。拜登团队中的进步主义者认为，美国急需一场罗斯福式的"新政"。当前基于工作的（work-based）社保体系已经不能满足新经济业态的需要，联邦政府需要重新思考政府、企业与个人的契约关系。拜登新提名的白宫预算管理办公室（OMB）主任候选人尼拉·坦顿（Neera Tanden）认为，美国需要一场"拜登新政"（作为起点），重建美国 21 世纪的经济与社会秩序。

谁选择了拜登?

政策是内生性的。对于民主制的美国而言,对政策起决定性作用的是社会经济状况和选民的立场。只有提出能够解决社会矛盾和满足选民诉求的施政纲领的候选人才能当选为总统,而只有兑现了承诺才能赢得连任。所以,选民结构是观察和理解"拜登新政"的一个可选起点。

2020年美国总统大选的投票率创下了自20世纪以来的新高,超过2016年约6个百分点,其中仅7州未打破近40年的投票率纪录(见图1)。其中,拜登赢得选举的关键在于扭转了摇摆州的选情。2016年美国总统大选,特朗普拿下九大摇摆州,最终赢得选举。这一次民主党赢得了多数摇摆州,打了一场翻身仗。其中,佐治亚州时隔28年再次选择了民主党,特朗普的基本盘"铁锈区"中的三个州——宾夕法尼亚州、密歇根州和威斯康星州也选择了民主党。特朗普做错了什么?拜登又缘何能够吸引更多的选民?

从选民结构来看,本次选举与2016年有较大的连贯性,但存在细节差别。女性、年轻人群、高学历、少数族裔、富有阶层、穆斯林等群体仍是民主党选民的主要标签;年长者、白人、天主教/基督教则是共和党选民的标签。

具体来看,非洲裔选民占比和投票率的提升对于民主党胜选尤为重要。非洲裔选民历来倾向于支持民主党,近20年支持率从未低于80%。本次选举中,非洲裔选民占比为11%,其中90%非洲裔选民的选票投给了民主党。从选民整体结构来看,2000年至今,合格非洲裔选民增加了约5%。更为关键的是,非洲裔选民的主体就分布在摇摆州。据统计,合格非洲裔选民在摇摆州的占比为34%,其中佐治亚州就高达29%。民主党一贯推行种族平等政策,尤其在"弗洛伊德事件"推波助澜之下,非洲裔选民当然更希望民主党上台执政。对民主党的支持率仅次于非洲裔选民的是亚裔选民(70%),但由于亚裔选民占整体选民的比例仅为2%,故影响有限。种族与移民问题联系紧密,相对开放的移民政策也是民主党赢得少数族裔支持的因素。

此外,以问题为导向更容易理解拜登的当选原因(见表1)。民调数据显示,41%的选民认为最重要的问题是新冠肺炎疫情,而其中有73%的选民把选票投给了拜登。经济和就业问题紧随其后(28%),其中81%的选民投给了特朗普。可以看出,假如没有新冠肺炎疫情的发生,拜登赢得选举的概率或将显著下降。Baccini等(2020)基于美国县级投票数据,考察了新冠肺炎疫情确诊病例和死

图1 2020年美国总统选举投票率创20世纪以来新高

表1 2020年美国选民最关心什么问题,票投给了谁?

分组	选民占比	投了拜登	投了特朗普
经济和就业	28%	16%	81%
卫生保健	9%	65%	32%
移民	3%	12%	87%
堕胎	3%	9%	90%
执法	4%	17%	81%
气候变化	4%	86%	11%
外交政策	1%	23%	72%
冠状病毒大流行	41%	73%	25%
种族歧视	7%	79%	19%

数据来源:NPR官网,东方证券财富研究中心&博士后工作站

亡病例数量对选举的影响。结果显示，新冠肺炎疫情对特朗普的支持率有显著的负面影响，并且在摇摆州以及特朗普2016年的获胜州表现最为明显。反事实分析表明，如果COVID-19病例减少5%，特朗普将赢得亚利桑那州、佐治亚州、宾夕法尼亚州和威斯康星州，进而赢得连任。2014年埃博拉疫情暴发时，时任副总统的拜登曾奔走于全球抗疫一线，这一经历为其赢得了信任分。其最新任命的白宫办公厅主任罗恩·克莱因（Ron Klain）则是当时抗击埃博拉疫情的直接负责人。

新冠肺炎疫情将美国经济、社会和政治撕裂状态暴露无遗。经济方面，低薪阶层受冲击的程度明显高于高薪阶层，前者的失业率大致是后者的3倍。在复工复产过程中，前者也明显较慢。社会方面来看，教育程度低的人群的失业率更高。非洲裔的新冠肺炎致死率明显高于所在州（或城市）的非洲裔人口占比，两者差值在芝加哥、密尔沃基、路易斯安纳等地区高达40个百分点。政治方面，疫情防控带有浓厚的政治色彩。研究发现，与老年居民比例、拥有大学学历的人口比例、经济的健康状况或医院重症监护病床的供应等指标相比，州长所在的党派是尽早采取社交隔离政策的最重要预测因素。共和党州长所在的州采取社交隔离措施的时间大约要晚两天。在疫情扩散高峰期，如果没有任何干预措施，确诊病例倍增只需要3天（Adolph，2020）。

一个完整的叙事逻辑是，经济与社会地位的不平等使得不同群体在新冠肺炎疫情的冲击面前显示出了不同程度的脆弱性，而泾渭分明的党派政治和选民意识形态不仅没有成为粘合剂，反而成为阶级分裂的终极推手。新冠肺炎疫情的背后是美国的阶级分化和阶层对立。抗击疫情是拜登上任后的头等大事，但拜登团队的目的不只是快速消灭病毒，安全复工复产，而是以此为契机，推动社会保障、教育、执法和移民等领域的改革，重塑政府、企业与家庭的关系。

导致不平等和阶级分化的时间则要追溯到20世纪70年代初。美国收入最高的1%人群所占份额从1975年的10%提高到了如今的22%，收入前10%与后90%的人群各占50%。由于财富是收入的积累，财富的集中度要远高于收入。截至2019年底，美国最富有的1%人群的财富份额约为40%，比20世纪70年代的低位提高了约10%（Stone等，2020）。美国当下的贫富分化程度与一个世纪前"咆哮的二十年代"相当。冷冰冰的数据背后，是社会向上流动性的下降，向下流动性的提高；是教育机会的不均等；是人均寿命整体下滑和阶层差异；是劳动相对于资本式微……任何国家，不平等都是有限度的，研究收入分配的知名学者布兰科·米兰诺维奇（B. Milanovic）表示，还没有哪个富裕的现代民主国家的收入不平等程度像今天的美国这么高。从历史经验来看，一个先进的民主国家的基尼系数超过0.45是非常危险的（见图2）。

南北战争之后，美国经历了第一轮贫富分化，伴随着工业化和城市化出现了所谓的"镀金时代"。如果没有第一次世界大战和之后的大萧条，美国社会大概率会继续呈现出阶级撕裂和政治钟摆的状态。第二轮贫富分化则是伴随着新经济、全球化和金融化而出现。这两次贫富分化都

图2 美国的收入不平等状况

是在自由市场观念占主导的时期形成的，但**我们不认为贫富分化是市场经济的必然结果。政府被垄断资本和精英阶层裹挟而制定的政策即使不是最重要原因，也是最强劲的推进器**。美国著名政治学者图尔钦（Turchin）早在十年前就预警："美国政治危机的脆弱性正在临近一百多年来的最高点"，并认为美国可能迎来"动荡的二十年代"。拜登的主要挑战是美国国内的阶层分化和政治极化，如果不向历史取经，美国的动荡或许才刚刚开始。显然，拜登及其团队都认识到了这一点，从其正在组建的团队成员可见一斑。

拜登选择了谁？

拜登面临的考验是：如何在一个经济、种族、文化和教育等多种因素决定的阶级极端分化的美国，凝聚共识和重建民主秩序？这一问题的关键在于扭转两极分化的趋势，夯实中产阶级基础，提升社会向上的垂直流动性。与特朗普政府相比，拜登政府的叙事或将从强调国家安全向强调个体权利转变。

拜登团队成员的一个重要标签是"进步主义"（Progressivism）。进步主义运动原指 19 世纪 80、90 年代至第一次世界大战爆发前，在美国兴起的要求改变垄断、腐败、歧视、环境污染、食品安全等现状而引发的一系列

政治游行和大罢工事件，其背景就是不断恶化的贫富分化问题。进步主义者推崇积极有为的政府，以增加就业、保护劳工权利和提高福利为最重要的使命。进步主义价值观在罗斯福新政时期得到了完美呈现，政府对社会和经济的管理权空前增强，贫富差距持续收窄。直到20世纪50、60年代，这都是美国的主流价值观。70年代之后，新自由主义取而代之成为主流，贫富分化由此产生。拜登团队认为，美国需要一套新的进步主义方案。

拜登已经提名的经济顾问有多位进步主义者。普林斯顿大学教授**塞西莉亚·劳斯（Cecilia Rouse）**将担任白宫经济顾问委员会（CEA）主席，她的研究重点是劳工经济学和教育经济学，曾任奥巴马政府CEA委员，在促进雇主增加雇工，以及寻找方法让工人投资于自己，提高他们的劳动生产率方面提出了大量建议。她曾经面对2008年金融危机冲击后的"大衰退"，失业率最高时达到10%，这与拜登政府即将面对的经济环境有相似之处，增加就业岗位仍是核心议程。

尼拉·坦顿（Neera Tanden）将出任白宫预算管理办公室（OMB）主任，她是民主党智库美国进步中心（CAP）的总裁兼CEO。CAP的目标是以进步价值观推动美国在国内实现包容性增长，在国际上走一条更有原则、更可持续的道路。坦顿曾是奥巴马-拜登总统竞选团队的国内政策主管，负责管理所有的国内政策提案。2020年6月份，基于对新冠肺炎疫情中暴露出来的"结构性不平等"（structural inequalities）问题①，她在《民主杂志》上发表了一篇题为《21世纪新的社会契约》的文章，完整阐述了对于美国如何在新的历史时期构建新的经济秩序和社会契约的观点。她指出，面对新冠肺炎疫情的冲击，美国需要另一场"新政"以重塑个人、公司和政府之间的关系。

杰瑞德·伯恩斯坦（Jared Bernstein）是拜登顾问委员会的重要成员，也是一名劳工经济学家和坚定的进步主义者。2009—2011年，他曾担任拜登副总统的经济顾问和首席经济学家、白宫中产阶级问题特别工作组执行主任，以坚定维护工人阶级的利益而闻名。伯恩斯坦的研究领域包括联邦和州的经济与财政政策、收入不平等和社会流动性、就业和收入趋势等，并出版了多部关于美国收入分配和劳动力市场的专著。在《重返充分就业》这本书中，伯恩斯坦强调了充分就业对于最底层的30%或50%的劳动者至关重要，他们的真实工资水平只有在充分就业状态才会上涨，在非充分就业状态，他们的议价能力会大大下降，从而不能分享经济增长。

此外，在众议院，进步派的影响力也越来越大。国会进步党核心小组联合主席贾雅帕尔（P. Jayapal）认为，进步派推动了民主党在重大社会问题上的国家纲领转向左翼，帮助拜登提出了一个非常进步的议程，为他赢得了大量年轻人、少数族裔和移民选民的投票，助力民主党在许多关键州取得了胜利。拜登施政纲领中的"全民医保"、15美元每小时最低工资标准、控制温室气体排放和发展清洁能源等都是典型的进步派政策。

由此可知，无论是经济顾问、幕僚、内阁还是国会，民主党进步派的影响力都在增强，其基础则是中产阶级的下沉和选民观念的左移。2008年金融危机之后的"占领华尔街"运动就是进步主义运动。2020年，受"弗洛伊德事件"和新冠肺炎疫情的刺激，要求改变现状的选民再一次团结起来，将拜登送上了总统的位置，寄希望于民主党的进步方案，来提升自己的工资水平，保障劳动权利，推进医疗改革等。

---

① 低收入、有色人种等弱势群体更易受到冲击，死亡率更高。

拜登新政：一个进步主义方案

在竞争2020年美国总统大选民主党党内提名时，进步派代表桑德斯曾一度被认为是拜登的最有力竞争者。虽然最终并未获得提名，但桑德斯退出选举后，与拜登组建了联合工作组，出具了一份110页的报告，分别从应对气候变化、改革刑事司法系统、实现包容式增长、投资教育、健全卫生保健和更新移民体系六个方面给出了具体建议。

应对气候危机，追求环境正义。报告建议，美国应立即采取行动，扭转特朗普政府在关键的气候和环境保护方面危险而具有破坏性的倒退，重新加入《巴黎协定》，并在入主白宫的第一天就开始与各国协商，寻求更高的绿色发展目标，使美国重新回到领导地位；报告明确提出，清洁能源行业的所有工作岗位都应该有加入工会的机会，民主党将恢复并保护工人组织和集体谈判的权利，为工人争取更高的工资、更好的福利和工作条件，还将通过增加以行业为基础的资格认证项目和注册学徒的机会，建立多样化的人才输送渠道；要求所有合同都达到《戴维斯－培根法案》(Davis-Bacon Act)规定的现行工资标准；支持制造业创造就业机会，要求采购材料时购买美国生产的清洁产品；对符合一定劳动标准的可再生能源项目扩大税收抵免。

改革刑事司法系统，重申"免于恐惧的自由"。这部分内容主要关注种族歧视问题，也就是社会正义问题。联合工作组注意到，美国每年有超过1000人被警察杀害，其中四分之一是非洲裔美国人。非洲裔美国人占美国人口总数的12%，却占监狱人口的33%。此外，占美国总人口16%的拉美裔美国人也占据了监狱人口的23%。执法部门的行为明显增加了边缘种族群体的恐惧。报告认为，

需要重申罗斯福提出的"免于恐惧的自由"。

建设更强大、更公平的经济，实现包容式增长。联合工作组将经济、民主和美国的灵魂联系在一起，主张对外重建公平的竞争环境，对内强调发展的包容性，承诺与美国人民缔结一份新的社会和经济契约。从具体内容看，这是一份为中产阶级量身定制的契约：它承认所有美国人都有权享受高质量、负担得起的医疗保健；认为住房是一项权利而不是一项特权，并承诺在这个世界上最富裕的国家，没有人会无家可归或挨饿；将提高工资，恢复工人组织、加入工会和集体谈判的权利；确保妇女享受同工同酬的权力；所有人享有带薪家庭休假；确保种族平等；为所有人提供可靠和负担得起的银行和金融服务；指示监管机构考虑医疗保健等企业兼并对劳动力市场、低收入人群和种族平等的潜在影响。报告还提出，将改革税法，使之更加进步和公平，其指导原则是，最富有的美国人应承担更多的税收负担，让投资者支付与工人相同的税率[1]，终结代价高昂且毫无成效的税收漏洞。近半个世纪的贫富分化，是伴随着税收的累进属性的退化而产生的（见图3）。

全球贸易体系和贸易政策是本部分的重要内容。报告指出，民主党将奉行把美国工人放在首位的贸易政策，会在贸易协议的核心文本中就劳工、人权和环境方面的强有力和具有约束力的标准进行谈判，并非常强调执行。

在全美各地建立世界一流教育体系。该项内容包括对公立教育系统的投资和增加对学生的支持力度，如对于家庭收入低于12.5万美元的学生，公立学院和大学将对其免除学费；普及幼儿教育；支持在全美建设高质量的K-12学校；降低高等教育负担，促进机会均等；减免学生沉重的债务负担，拜登政府将努力批准为每个借贷者减免高达1万美元的学生债务，以帮助家庭度过新冠疫情危

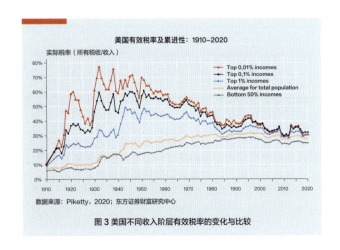

图3 美国不同收入阶层有效税率的变化与比较

机，对低收入家庭的学生还有额外的支持计划。

建立普遍、负担得起、高质量的卫生保健体系。民主党历来重视医疗保险、补助体系的建设，奥巴马执政期间推出了《平价医疗法案》，拜登及其团队是重要参与者。由于该法案的保障，一亿多患有心脏病、哮喘等疾病的美国人不再受到保险公司的歧视，大大降低了他们的保险负担。受本次疫情影响，拜登政府将显著增加对公共卫生体系的投资，目标是推动全民医保；向制药企业"宣战"，降低药品价格；降低卫生保健费用，提高卫生保健质量；扩大获得心理健康和药物使用治疗的机会；扩大对长期护理服务的支持；消除种族、性别和地理卫生不平等；加强和支持卫生保健队伍；支持卫生科学研究。

重新开启合法、公平、正义的移民程序。民主党一贯对移民问题持开放和包容的态度，认为这彰显出美国价值观和制度的优势，也是美国软实力的构成，肯定了移民对于美国科技创新和经济增长的贡献。报告声称，将立即终止特朗普政府的歧视性旅行和移民禁令，结束特朗普政府的"零容忍"政策，抚平这些政策产生的伤害，优先起诉人口贩运者、走私者和其他从事严重犯罪的人，重新开启合法、公平、正义的移民程序。

---

[1] 拜登的税改方案规定：对于年收入超过100万美元的个人取得的长期资本利将按照普通收入所得税率征税（最高至39.6%）。对于收入超过40万美元的个人，增设28%的分项扣除上限，这意味着收入超过阈值且税率高于28%的纳税人将面临有限的逐项扣除。

针对以上每一点，报告都给出了明确的改革举措，阐述了其对于重建美国价值观、恢复公平正义的社会秩序和促进包容性增长的含义。可以看出，拜登新政是一场更广泛的社会意义上的改革，是以弱势群体、劳工阶层和中产阶级利益为核心的。采用卡尔·波兰尼（Karl Polanyi）的叙事，"脱嵌"于社会的经济改革不仅不能缓解美国的现状，反而会加剧不平等。所以，拜登团队尤其强调方案的完整性和不同部门之间的协同。但"拜登新政"能在多大程度上落地，还取决于民主党与共和党的博弈。重建美国、重回进步时代的历程不可能一蹴而就，但拜登任期可能成为美国政治频谱从右向左调整的一个关键时期。

中美竞合：内循环的效率 + 外循环的张力

拜登上台后，中美关系有望边际改善，更重要的是可预见性提高。贸易、金融和人员往来方面的摩擦有望缓和，短期内美国会考虑取消关税，重新判断贸易协议；中长期则主张通过新建规则来制约中国，中美博弈将进入长期的、基于规则的和较为可控的状态。但拜登也会力主形成一个针对性更强的西方统一战线联盟，中长期制约中国的技术升级和构想中的新一代全球化进程。因此不排除在未来一段时间，双方在意识形态、人权和地缘政治领域的摩擦可能会升级。

下一个四年的美国对中国的基调可以概括为：第一，竞争仍是主旋律。在地缘政治、人权、知识产权和技术转移等方面，美国或将继续对中国采取强硬措施，尤其是在新一代科技与创新的主导权上，要与中国展开激烈的竞争，但会是一种"斗而不破"的状态。第二，在气候变化、核武器扩散和疫情防控上与中国加强合作。第三，合纵连横，重建西方国家联盟，凭借其占据全球GDP一半以上的经济体量，重塑环境、劳工、贸易、技术以及国有企业等规则；第四，拜登政府会重新考虑加入特朗普执政期间退出的国际组织，这是美国重回世界领导地位的着力点，美国需要通过多边机构来重塑规则。

拜登与特朗普在外交政策思路上的异同，可以从拜登的国家安全顾问沙利文（J.Sullivan）的主张中体现出来。沙利文认为，贸易协定是美国与全球经济联系的主要渠道，其条款会对美国工人和消费者产生影响。特朗普发现了部分问题，但却用错了解决方案。过去的贸易协定并不完美，它们产生了意想不到的后果，汇率操纵、网络经济间谍活动、国有企业和非关税壁垒伤害了美国劳工。但双边贸易协定只会带来"逐底竞争"（a race to the bottom），不会将就业机会带回美国，且弊大于利。沙利文不认同全球化必然导致美国产业空心化和阶层空心化的观点，而是将其归因于自里根总统以来的美国政策。所以，他建议民主党人要从富兰克林·罗斯福和林登·约翰逊的执政政策中汲取智慧。

对于美国未来的贸易协定，他提出了四条原则：**第一，规则**。不仅应该建立公平、对等和保护劳动权利的全球多边贸易框架，还应建立起国际通行的税收、资本流动和企业兼并重组规则。**第二，分配**。权重从企业转向消费者、工人和中产阶级，从特定利益集团转向全美，不能过分地依赖和一味地适应企业诉求。**第三，执行**。建立第三方执行仲裁和执行机制（国际劳工组织的重要性或显著提升），快速响应，迅速裁决，事先明确触发机制和处罚方案。**第四，广角**。贸易协定应被视为工人（或中产阶级）一篮子计划的组成部分，应服务于提高工资、福利、技能和增加就业等目标。所以，拜登称之为"中产阶级的外交

政策"。

美国的矛盾主要在国内，拜登新政也是一个以内循环为主体的"双循环"方案。所以，中美博弈的长期性不仅不会因为拜登的上台而改变，反而变得更加确定。中国转向以内循环为主体、内外循环相互促进的必要性不仅不会下降，反而会有所提升，毕竟美国很有可能会联合欧盟和亚太周边国家联合对中国施压。中美未来的竞合格局，取决于各自内循环的效率和外循环的张力——建"朋友圈"的能力。

时至今日，中国有能力"以我为主"制定发展战略，而不再取决于美国政治。中美关系最终还是取决于谁把能自己的事情办得更好。中国经济发展的主要矛盾同样是来自内部，仅就贫富分化问题来看，中国的形势并不比美国乐观。中国的人均GDP仅为美国的约20%，但中国与美国2019年的收入基尼系数都约等于0.46，中国高净值人群数量已经超过了美国[1]。

历史一再证明，不平等是有极限的，持续繁荣的理想模式是：实际工资水平上涨、政府税基扩大和税收增加、企业高投资率形成正反馈——更高的实际工资产生更高的需求和更大规模的市场，从而有利于生产部门获取规模经济和范围经济，进而获取高利润，推动高投资。同时，人力成本的提升又会倒逼企业开发劳动节约型的技术，鼓励企业创新。政府税收收入的增加有助于完善基础设施，对企业的创新形成"杠杆"作用，还可以增加对教育、基础研究和社会保障体系的投入，这又有利于人力资本的积累。由此形成一个良性的反馈循环，该循环的起点一定不是金融市场，而是正确的产业，而正确的产业一定来源于真实投资。这也是中国内循环的理想模式。F

---

[1] 瑞士信贷《2019全球财富报告》显示，截至2019年年中，中国有1亿人财富名列全球前10%，首次超过美国，后者为9900万人。当然，中国人口基数是美国的4倍。但这也能从侧面反映出部分问题。

▶ 本文仅代表作者个人观点，编辑：张静。

美元霸权下，客观看待国际收付清算

在国际收付清算体系方面，中国既要加强 CIPS 建设与推广，也要看到仅靠收付清算体系建设抵抗美国金融制裁的作用是有限的。

国家之间经贸往来与金融交易的发展，需要有相互之间的交易清算与配套的运行体系。所以，国际收付清算是为国际经贸往来（主要表现为商品流）与金融交易服务的，国际经贸往来与金融交易服务的存在与发展是国际收付清算体系（主要涉及信息流与资金流）存在和发展的基础，国际收付清算的发展则是国际经贸往来与金融交易服务成功落地的重要条件，为国际经贸往来与金融交易服务的发展提供重要支持。

最近，有关美国可能将中国香港地区甚至中国内地踢出 SWIFT 国际资金清算系统，切断中国香港地区乃至中国内地与国际清算体系的联系，从而使中国香港地区与中国内地的国际贸易与金融往来严重受阻的说法传播很广、影响很大，但其中很多说法并不准确，需要客观准确地看待国际收付清算体系。

王永利

海王集团首席经济学家
中国银行原副行长
SWIFT 首任中国内地董事

国际收付清算体系的四项基本要素

清算货币、清算方式、清算信息、清算账户等构成国际收付清算体系的基本因素，国际收付清算体系集约化、专业化、中立化是其发展的必然方向，必须不断提高相关的信息流与资金流的安全性、便捷性、准确性。

第一项要素，经贸往来或金融交易的计价和清算货币。 在发生往来关系的两个国家货币不同的情况下，就存在其交易的计价和清算货币如何确定的问题。其中，可能选定为其中一国的货币，也可以选定为国际上更受欢迎的第三国货币。到底选择哪国货币，实际上取决于交易收付相互之间的影响力。

在国际交往不断发展过程中，各国的货币也在不断进行相互比较和优胜劣汰，最终依据综合国力与国际影响力形成其在国际收付清算中的地位。综合国力与国际影响力最强大国家的货币就会成为最重要的国际收付清算和储备货币，即国际中心货币。

从世界范围看，实际上国际收付清算和全球流通的货币越统一，清算的效率就会越高，成本和风险就会越低。

第二项要素，收付清算方式。 第一种方式是，直接以计价和清算货币进行现金清算。第二种方式是，将货币存放在清算机构（如银行），往来双方通过其开户银行进行记账清算。

记账清算的基本做法是：由付款方向其开户银行发出付款指令，由其开户银行扣减其存款余额并提供扣款证据，同时据以增减收款方开户银行的存款并向其发出付款指令；收款方开户银行据以扣减付款方开户银行的存款并增加收款方的存款，并向收款方发出收款入账通知。关联各方可以定期或随时进行收付款明细与余额核对。如果往来双方开户银行之间没有相互开户，则还要通过其共同开户的银行实现账户之间的联通（有的可能需要多级账户才能联通），实现款项收付的最终落地。

比较而言，记账清算实际上是以货币所有权的清算（表现为往来双方债权债务关系变化）替代了货币现金的清算，可以大大减少货币的铸造或印制，以及货币运送、保管、验证等方面的成本，可以大大提高收付清算的效率、降低相关的成本，严密货币流通合规性监控，特别是记账清算下，所谓的"货币流出"，实际上是"货币所有权流出"，而不是真正的货币流出，会相应增加货币所有权流出国的外债，但不会减少其实际的货币流通量，因而可以避免在现金清算下，由于货币与商品的逆向流通而产生的"贸易失衡必然导致货币失衡并进而对经济社会产生冲击，甚至引发摩擦"的结果。所以，现在国际间收付清算都采取记账清算的方式。

第三项要素，收付清算指令的传递与处理。记账清算方式下，一个非常重要的因素就是支付指令及其传递与处理体系。

支付指令需要包含往来双方共同接受的语言文字及其描述的开户银行相关信息、交易具体种类、计价货币、实际金额等核心内容，甚至出于对收付清算速度、安全的不同要求，收付清算指令传送的具体方式、路径、费用水平等也可能不同，还需要明确具体的选择。

随着经济金融全球化的发展，国际间经贸往来和金融交易的覆盖面越来越广，交易越来越频繁，如果完全依靠各国之间相互建立收付清算指令传送和处理的配套设施，那将是非常巨大的投入，而且管理上也将非常复杂，而如果能够共同建立起国际共享的收付指令传送体系，并对参与各方实施公平合理的专业化管理，则无疑是最佳选择。

而要实现收付指令传送与处理的集约化、专业化，就必须对指令的种类、内容、格式等实现标准化、统一化、独立化管理。这样，就会形成国际收付清算体系相对独立的信息流处理体系。

第四项要素，资金清算账户体系的建立与有效运行。记账清算方式下，必须真正实现资金所有权通过清算机构（开户银行）从付款方向收款方的转移才能最终完成，这些资金账户以及相互之间的资金转账清算体系，才是国际收付清算体系的核心，注重解决国际往来的资金流问题。

国际收付清算除涉及到收付款双方的开户银行外，还涉及到其开户银行相互之间是否开立账户，以实现账户之间的相互联通。但如果所有银行都要直接互开账户的话，全国以及全球的账户数量将会非常大，管理起来也将非常复杂。所以最佳选择依然是集约化、专业化，即在一国内部，建立清算中心体系，所有银行（清算机构）都在清算中心所在机构开户，相互之间发生资金往来需要清算时，直接通过清算中心举行就行。国际上，如果也能建立起全球清算总中心，各国清算中心都在清算总中心开户，并建立起公平合理的专业化管理体制，将是全球收付清算体系最为理想的模式。

由于种种原因，现在还没有建立起全球统一的收付清算总中心，现实的选择是按照国际收付清算实际使用的货币进行分类，各种货币都以货币发行国的清算中心作为分类中心，参与国际收付清算的银行，都要按其使用的货币，在货币发行国的清算中心或中心成员行开立账户。

由于各国国内清算与国际清算的要求，包括运行时间、电文标准（是否与国际接轨）、使用的语言文字、安全保护与金融监管等存在很大不同，所以世界各国一般都会将国内清算体系（如美国央行主导的支付系统Fedwire）与涉及该国的国际清算体系（如美国私营支付清算系统CHIPS）分别建设与管理，并保持相互之间的连接与风险防火墙机制。

SWIFT 并非完全受美国控制

SWIFT（Society for Worldwide Interbank Financial Telecommunications——环球银行间金融电讯协会），首先由6家欧洲的国际银行发起，并首批由来自美国、加拿大和欧洲的15个国家239家银行参与，于1973年5月按照比利时法律登记注册宣布成立，总部设在比利时的布鲁塞尔。

现在会员单位已经从银行扩展到其他金融机构、金融交易所以及大型企业集团等，覆盖全球200多个国家和地区，会员单位超过 1.1 万家。其中，中国银行于 1983 年加入 SWIFT，成为其第 1034 家会员。之后，越来越多的中国机构加入，中国成为 SWIFT 越来越重要的业务来源，得到越来越高的重视。

为支持全球支付持续运行，SWIFT 在荷兰阿姆斯特丹（主要覆盖欧非）、美国纽约（主要覆盖美洲）、中国香港地区（主要覆盖亚太）分别设立信息（电讯）交换中心（Swifting Center），形成覆盖全球的、每 8 小时左右一个交换中心相互连接、24 小时连续运行的金融电讯网络体系，为会员单位从事跨境收付清算业务提供快捷、准确、优良的电文传送与转换服务。

SWIFT 是一个国际金融电讯协会，首先要形成标准统一的电文格式（包括数百种金融交易专门的电文格式），以及会员单位的身份标识体系（如"中国银行北京分行"的识别代码为 BKCHCNBJ300，其中包括：银行名称专用代码——中国银行 BKCH、所属国家代码——中国 CN、所在城市或地区代码——北京 BJ、经办机构代码——北京分行 300）。同时，必须建立与所有会员单位及其所在国清算中心相互连接的通讯网络体系，以及电文传送和处理、信息或数据存储与核查等配套的基础设施，并确保其便捷高效与安全可靠。

SWIFT 是一个非官方的协会组织，董事会为最高权力机构。董事会的组成，除最初的成员国美国、比利时、法国、德国、英国、瑞士各有两个董事席位外，其他国家最多一个董事席位，主要按照成员所在国的业务规模及其影响力分配和增加新的名额。在亚太地区，除日本、澳大利亚、新加坡，以及中国香港地区外，2012 年新增加中国内地一名董事，本人则代表中国银行成为中国内地首任 SWIFT 董事。日常经营管理由 CEO 领导执行部门负责，并处于董事会的监督之下。长期以来，其董事长基本上都是由美国会员单位的代表担任，CEO 则基本上由欧洲人担任。

经过几十年的不断完善和努力拓展，SWIFT 已经成为全球最重要的国际收付电讯传送与交换处理体系，成为最重要的国际收付清算体系的基础设施（信息通道），对支持国际收付清算发挥着非常重要的作用。

必须明确，SWIFT 只是国际收付体系中的电讯通道（重要的基础设施），并不涉及会员单位真正的资金账户，并不是国际收付清算体系的全部。SWIFT 还必须与各国的资金账户清算体系连接，真正将资金从付款方账户转到收款方账户，才能完成国际收付清算，才能形成完整的国际收付清算体系。比如，在美国，SWIFT 还需要与纽约清算所银行同业国际支付清算体系 CHIPS 连接，CHIPS 则与 SWIFT 的美国成员单位的国际收支账户相连接。CHIPS 与 SWIFT 的美国成员单位还要与美联储主导的美元大额支付系统 Fedwire 相连接，以实行美元资金与 CHIPS 的交互并接受美联储的监管。在中国，SWIFT 同样要与中国的人民币国际收付清算体系 CIPS 连接，CIPS 与 SWIFT 的中国会员单位还要与央行主导的大额支付系统 CNAPS 连接。

SWIFT 设立的初衷，是成为一个不受任何政治影响和政府干预，为最广泛的国际收付参与者提供专业电讯服务的中立组织，充分保护会员单位的商业秘密，并且基本上一直保持到 2001 年美国"9·11 恐怖袭击事件"之前。但由于 SWIFT 在国际收付清算体系中独特的信息通道作用，它也很难摆脱日益强化的金融监管。"9·11"爆发后，美国根据《国际紧急经济权力法案》启动"恐怖分子资金追踪计划"（Terrorist Finance Tracking Program，TFTP），授权美国财政部追踪并冻结恐怖分子的资金流动，并迫使 SWIFT 予以协助，停止对被列入制裁对象的个人、企业、金融机构提供服务，并要接受实际执行情况的调查。现在，SWIFT 非常重视中立性与合规性的平衡，主要接受十国集团（G10）中央银行的监督管理，主要遵守联合国与欧盟的规则，其中比利时国家银行（NBB）在 SWIFT 的监督中起主导作用。根据 G10 央行的决定，除对一些个人、单位实施制裁外，SWIFT 先后对朝鲜、伊拉克、伊朗、利比亚、俄罗斯等国金融机构实施制裁，甚至将个别国家所有金融机构予以除名，从而使受制裁国家对外经贸往来与国际金融交易严重受阻，经济社会发展受到严重影响。

需要指出的是，SWIFT 并不是单纯的美元国际收付电文系统，也并非完全受到美国的控制，而是包括十多个主要国家货币在内的多币种电文处理系统，且运行的货币仍在不断扩充，其中也包括港币和人民币。当然，美元作为全世界最主要的贸易结算与金融交易货币（超过 40% 的份额）及国际储备货币（超过 60% 的份额），美元收付清算在 SWIFT 中占据最重要的地位，美国作为全球美元最重要的供应者与管理者，对 SWIFT 也就具有最重要的影响力，特别是对全球美元交易和收付清算具有最重要的控制力。

各国自建清算体系，效果难达预期

近些年来，实施金融制裁，特别是阻断被制裁对象的美元国际收付，甚至联合其盟国，要求 SWIFT 进行除名等，也成为美国日益重视和强化运用的重要战略工具。其中，除朝鲜、伊朗等国家外，2014 年"乌克兰危机"爆发后，美国联合其盟国直接对俄罗斯发动了长达数年的金融制裁，包括冻结或罚没被制裁对象在美资产、限制俄罗斯某些特殊贸易和金融交易、切断被制裁对象美元使用渠道（如限制使用 SWIFT）、限制其他金融机构与被制裁对象进行金融交易等，对俄罗斯产生了重要影响。违反禁令的金融机构等组织将受到美国的严厉处罚，包括巨额罚款，乃至吊销执照，被纳入制裁名单，甚至被追究刑事责任等。

这日益表现出美国的"美元（金融）霸权主义"倾向，也受到国际社会的高度警惕。

为摆脱被美国束缚或制裁的被动处境，有效保护本国利益，不少国家都尝试建立自己主导的新的国际收付清算体系。如俄罗斯从 2014 年即开始启动本国的金融信息交换系统建设；欧盟为维持与伊朗之间符合欧盟法律的贸易往来，也在尝试推动自己的"贸易往来支持工具"（简称 INSTEX）；新加坡也在积极尝试运用区块链技术建设新的国际收付清算系统等。但到目前为止，这些尝试还远不能与 SWIFT 相提并论。

实际上，各个国家都要建立一套自己主导的类似 SWIFT 的收付电讯传送和处理体系，投入极大，是非常困难的。从全球整体看也是非常不经济的。其实，各个国家能够直接主导的，是本国货币为主的资金清算体系，而不是 SWIFT。即使是美国，要对其他国家的个人、企业、金融机构等实施金融制裁，也主要是从其本国金融机构（包括外国在美金融机构）开始，主要是对美元收付进行控制。然后才是动员其盟国参与联合实施制裁。最后才是影响联合国组织或 SWIFT 组织全面实施制裁。

同时要看到，国际收付清算体系是为国际经济往来服务的，金融制裁是建立在经济制裁基础之上的。美国要对其他国实施金融制裁，前提一定是美国先宣布对该国实施经济制裁，控制与该国的经贸往来和金融交易等。如果美国切断与另一国家的经济往来，两国之间的收付清算自然也就不复存在。如果美国不能彻底切断与一个国家的经贸往来和金融交易，也就不可能完全切断与这个国家的美元收付清算，也不可能完全切断 SWIFT 与这个国家的联系。美国单方面实施金融制裁，只能是主要对美元的收付进行，除非美国联合其盟国共同进行金融制裁，才有可能连同其盟国货币的收付一同进行，甚至可能切断 SWIFT 的服务。

在这种情况下，设想在 SWIFT 之外重新建立一套新的国际收付清算体系，如果没有新的技术和创新，不能在效率、成本、风控等方面明显超越SWIFT，其实是很难的。所以，即使中国从2015年就正式推出人民币跨境支付清算系统CIPS，并不断扩大和完善与境外人民币清算行的网络直联，但CIPS基本上类似纽约清算所银行同业支付系统CHIPS，主要是人民币的跨境清算，也要与人民币大额支付系统CNAPS（类似于美国的Fedwire）相互联通，但在跨境电文传送与处理方面，目前仍主要依赖SWIFT体系，总体上并不能完全独立于SWIFT体系。

可见，离开综合国力与国际影响力的增强，单独依靠建立以本国货币为主的新的国际收付清算体系来抵抗美国的金融制裁，实际效果是很难达到预期的。

中国应冷静应对国际形势的深刻变化

从中国香港地区的情况看，美国可能因中国香港地区实施国家安全法而对一些个人、企业等实施金融制裁，主要是限制其通过SWIFT进行美元资金收付，但要将整个中国香港地区完全踢出SWIFT，则是非常复杂而敏感的，几乎是不可能的。因为中国香港地区目前属于亚洲最重要的转口贸易与国际金融中心，美国在港拥有巨大的经贸与金融利益，将中国香港地区踢出SWIFT，不仅中资机构和中国香港地区会受到影响，所有在中国香港地区的国际机构（包括美国的机构）都将受到严重影响。而这也必然会遭到中国的坚决抵制。

从中国的情况看，中国已经成为世界第二大经济体，全世界最重要的制造业基地和最大的货物进出口贸易国，全球最大的外汇储备国，拥有成长潜力巨大的国内市场，并且还在进一步扩大包括金融领域在内的对外开放。因此，美国要完全切断与中国的经济往来或实施全面封锁是非常难以实现的，这将意味着全面开启"新冷战"，将推动中美脱钩和世界分裂，将对全球贸易与经济发展带来严重冲击，将使美元的全球需求量和影响力深受影响，将推动新的国际联盟和国际收付清算体系的建立并与美国主导的体系抗衡，将对世界和平带来极大威胁，美国可能搬起石头砸了自己的脚。

现在，世界格局深刻变化，美国一极独大、大量从全球聚集财富支撑其本国高福利社会制度的独特优势已经明显弱化，跟不上世界多极化发展大势，中产阶级严重萎缩，社会结构正在分化，经济社会发展面临巨大挑战，新冠肺炎疫情大爆发更是带来巨大冲击。而中国更适应互联网新时代发展要求，仍处于发展上升期，世界格局深刻变化总体上更有利于中国。所以，中国不能因为美国一系列打压行动就惊慌失措，而要保持定力、冷静应对。

面对国际形势的深刻变化，中国要坚定推动改革开放，促进经济持续健康发展，切实增强综合国力与国际影响力（包括人民币与中国金融的国际影响力）；要坚持与他国平等互利，推动人类命运共同体建设，争取国际社会更多的信任和支持。同时，要对世界百年未有之大变局可能激化国际矛盾、对美国可能完全失去理智引发极端恶劣情况做好充分应对准备。

在国际收付清算体系方面，既要加强CIPS建设与推广，也要看到仅靠收付清算体系建设抵抗美国金融制裁的作用是有限的，还需要加强与SWIFT及其成员组织的沟通配合，共同抵制单一国家的霸权行为，也要积极探索运用包括区块链加密技术在内的信息科技与网络技术，加快数字货币研发及其配套运行体系建设，推动全新的国际收付清算体系发展。

▶ 本文仅代表作者个人观点，编辑：潘琦。

金融科技赋能跨境支付，如何对 SWIFT 说 "不"？

疫情下的跨境电商蓬勃发展，带动我国第三方支付市场利用金融科技探索新型跨境支付方式的应用和实践，积极推动我国国际收付清算体系发展，并对于人民币国际化产生深远的影响。

 张纯信 复旦大学泛海国际金融学院学术副院长、金融科技研究中心主任	沈思斯 中国工商银行上海市长宁支行银行卡部门主管

SWIFT从成立之初的中立机构转变为美国金融霸权的工具，各国为绕开美国的"长臂管辖"自建或联合建立资金清算体系。在中国CIPS和第三方支付市场齐头并进发展的势头下，金融科技将成为我国跨境支付结算的强大引擎。

SWIFT发展：从中立到美国霸权

环球银行金融电信协会（SWIFT）已经覆盖了全球200多个国家和地区、11000家重要的金融机构。从机构属性来看，SWIFT是一家非官方的协会组织，它登记注册在比利时的布鲁塞尔，名义上是一家"欧盟公司"。

在SWIFT成立以前，电传（TELEX）是跨境支付的唯一方式，但这种方式效率低下且极易发生错误。因此，美国的花旗银行率先开发了一个名为MARTI的专有信息标准，并希望其能成为国际金融交易中独特的内部信息传递标准，但这一想法遭到了欧洲银行业的强烈反对。1973年，在法国和荷兰银行的主导下，SWIFT应运而生。可见，SWIFT设立之初是不受美国影响的中立国际组织。

但是，这一中立止步于"9·11恐怖袭击事件"。美国依据《国际紧急经济权力法案》启动了恐怖分子财务追踪计划（Terrorist Finance Tracking Program, TFTP），授权美国财政部追踪恐怖分子的海外资金流动，并为此与SWIFT进行了谈判。当时来自美国的SWIFT首席执行官Lenny Schrank负责与美国财政部的谈判，双方同意就反恐开展一系列合作，并签署了一份谅解备忘录。

从2001年10月底开始，美国财政部逐月向SWIFT提请与疑似恐怖主义有关的"有限制"数据的要求，也就获得了追踪境外资金流动的能力。之后SWIFT迫于舆论压力曾启动多轮监管，也要求美国尽可能缩小使用的数据量。即便如此，2013年美国中央情报局和国家安全局前雇员爱德华·斯诺登将美国对SWIFT数据实时监控的事实公之于众，全球为之哗然。

事实上，2011年美国财政部就开始将"异常"银行列入黑名单了。一旦某家银行被列入美国财政部的黑名单，通过SWIFT全球几乎所有的金融机构都将被迫中止与该银行的资金往来。如2012年美国就曾切断了伊朗金融机构与SWIFT的连接，2017年又将朝鲜从SWIFT中除名，古巴、叙利亚、利比亚等"涉恐国家"均受到过SWIFT的制裁。这么一来，难免让人质疑，是不是对美国产生威胁的国家均难逃"长臂管辖"？

为此，各个国家陆续成立自己能直接主导的资金清算体系，包括俄罗斯金融信息传输系统 SPFS（截至 2019 年上半年，加入该系统的俄罗斯银行共有 312 家），德国、法国和英国三国出资设立的贸易互换支持工具（Instrument for Supporting Trade Exchanges，INSTEX），于 2020 年 3 月 31 日完成首笔交易。但 SWIFT 作为收付电讯系统，仍然扮演了核心作用。

而我国于 2012 年 4 月，由中国人民银行决定组织开发独立的人民币跨境支付系统（Cross-border Interbank Payment System，CIPS），截至 2019 年 8 月底，已有 31 家直接参与者，861 家间接参与者。但在表现数据上（见图 1），根据 SWIFT 每月发布的人民币追踪报告整理统计，2014—2020 年，仅在 2015 年 8 月，人民币在国际支付中的份额位列第 4，占比为 2.79%；6 年间，其余均排在第 5 或第 6 名，甚至因为贸易额的降低会下滑至第 7 名。2020 年 10 月，SWIFT 发布数据显示人民币占全球支付货币的份额仅为 1.97%，位列第 5。这说明 CIPS 系统的影响力目前依旧有限。

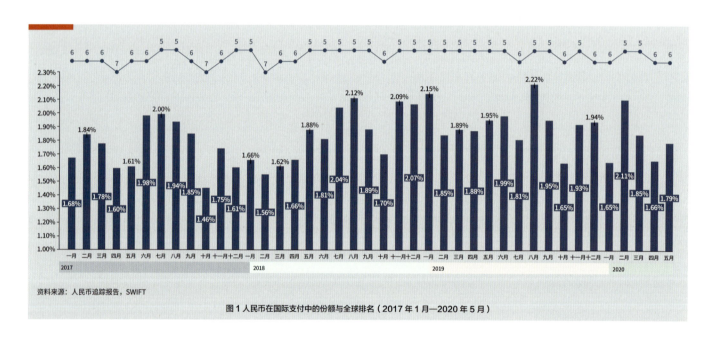

图 1 人民币在国际支付中的份额与全球排名（2017 年 1 月—2020 年 5 月）

人民币跨境结算迎来最佳时机

毋庸置疑的是，贸易往来驱动了收付清算，而实现我国人民币国际化战略的第一步无疑要进行更为广泛的货币互换和跨境贸易人民币结算。根据世界贸易组织的公开数据，2017 年中国进出口贸易总额迅速增长达 4.14 万亿美元；2018 年，中国出口贸易总额环比增长率达到 9.9%，为历史最高位，进出口贸易总额为 4.62 万亿美元。2018 年跨境电商交易规模达到了 9 万亿元人民币，环比增长率为 15.3%，2019 年甚至突破了 10 万亿元人民币大关。而在跨境电商的进出口交易的构成中，出口交易规模始终是进口交易规模的数倍。

在 2020 年全球新冠肺炎疫情的冲击下，我国进出口贸易总额持续下滑。根据国家统计局公开数据，2020年第一季度货物贸易进出口交易额呈现负增长（-4.9%），第二季度略有回升，但仍低于同期水平；服务贸易则在2020年发生了断崖式下滑，第一、二季度分别下跌11.4%、19.9%，主要是因为跨境旅游业受到疫情的重创。但疫情却促进了跨境出口电商规模的蓬勃发展。在隔离期间，线上消费大规模替代了线下消费。同时，线上消费重点依赖移动支付，于是也急速催化了移动支付的渗透进程，线上支付类用户突破了7亿人，为跨境支付业务奠定了巨大的用户基础。根据国家统计局和中国支付清算协会统计，2020年仅出口电商交易规模就达10万亿元人民币，年增长率为26%。

这一系列数据都表明，中国已满足了货币国际化的一大重要前提——贸易参与。贸易参与包含了贸易收付和计价货币两方面。货币的贸易收付规模是实现计价货币的基础，而计价货币功能的实现可以促进人民币在各国贸易收付领域的广泛应用，两者相互作用。

在全球疫情继续重创各国经济之时，我国将在全球贸易中崛起，进而加快人民币国际化进度。在"一带一路"倡议的指引下，我国对东南亚国家的出口总额同比增长8%，东亚、东南亚成为了第一大贸易地区。而"一带一路"中的另一条线路——非洲对人民币的支付量较3年前的增幅则高达123.01%，而同期对其他所有货币的支付量仅增加27.76%。此前，以上两个区域均属于对美元高度依赖的新兴市场，而在与我国贸易合作日益增强的过程中，人民币成为了另一个有效的贸易、金融服务、交易、投资货币。由于我国第三方支付发展全球领先，"一带一路"沿线国家将有机会享受到前所未有的、高品质的支付与金融服务。包括我国在内的"一带一路"沿线国家占据全球2/3人口和超过40%的GDP，是推动人民币国际化的重要力量。

启用金融科技，绕开SWIFT

伴随跨境电商进出口交易规模稳步增长，与之相连的跨境支付需求与日俱增。在跨境支付领域，传统的结算方式主要依赖银行进行跨境结算，或是依赖第三方支付公司。目前，国家外汇管理局批复的试点机构为30家，但依旧需要参与的银行通过SWIFT完成资金的跨境清算。即使我们能够将现有外币结算替换为人民币结算，但结算所使用的CIPS依然与SWIFT相连，受到SWIFT信息辖制的隐患依然存在。而且在金融科技迅猛发展的今天，SWIFT完成一笔跨境转账汇款需要3个工作日，可见它已经是一个过时的、效率低下的支付系统了。同时，SWIFT在运行时长、应用场景方面亦相当有限。

因为自建直接主导的资金清算体系不仅会耗费相当大的成本，也确实有可能分散主导权。传统运营模式投入大、操作难度高，强迫我们考虑主导多元化和高效率的平衡。金融科技可以高度优化这个任务，降低成本，甚至民营化。

一方面，我们将眼光投向在金融科技场景下运用更为广泛的第三方支付市场。企业化的运作方式不仅更高效，更是免去了兴建复杂清算系统的成本。值得一提的是，我国央行对于CIPS的搭建和第三方支付公司进入跨境支付领域的政策几乎是同步的，而政策环境处于不断试点和逐渐宽松的进程中。在疫情期间，国家外汇管理局甚至接连发布了《国家外汇管理局关于优化外汇管理支持涉外业务发展的通知》和《国家外汇管理局关于支持贸易新业态发展的通知》，主要倡导各机构拓宽贸易新业态的结算渠道、为跨境电商出口业务提供更为便捷的资金结算，优化小额高频的收支申报结算流程；不仅便利企业办理外汇业务，也放开了个人对外贸易的结算规则。

这对于不断创新的第三方支付市场无疑是重大利好消息。就目前第三方支付行业广为使用的人民币清算通道而言，第三方支付机构有能力做到绕开SWIFT将支付信息直接输送给海外参与行及客户，资金流可通过CIPS清算，克服与SWIFT相连的弊端，摆脱了挟制，也可以实现资金更为及时的到账。但由于CIPS为"5天×24小时+4小时"运行，并不能满足支付机构实时清算的需求；并且由于任何机构单独管理交易支付信息，故其被篡改的可能性极高，不利于国际反洗钱等风险管理要求。对此，区块链技术的新型支付方式可以解决现有痛点，更利于跨境支付体系的完善。

区块链技术最大的特征就是具有透明共享的分布式数据库，记录的不可逆性确保了交易数据的真实可信，先进的加密措施保证了数据的安全。首先，运用区块链技术可以实现境内外的金融参与机构间传递数据和传递资金的功能。如境内外均设立人民币交易资金池，同步记录交易数据和资金信息，即完成了资金跨境。其次，区块链技术存在高度透明的匿名性，既能提供资金交易所必需的身份证明，又能在共享数据时对身份字符化，确保隐私保护和防范信息窃取。最后，针对传统支付方式在反洗钱领域的乏力，区块链技术分布式账本的数字特性意味着在区块链上交易可以被关联到计算逻辑、更易于编译与解析。因此，参与方可以设置自动触发节点之间交易的算法和规则，即"智能合约"，以此来设定反洗钱识别模型。

另一方面，我国央行数字货币与支付系统作为一项重要的金融创新，将大力赋能支付能力、跨境清算与人民币国际化。它能为全球主要货币市场的创新铺路，更成为G20以及诸多国家央行的典范。央行数字货币系统能大幅降低货币使用成本、提高清算效率和安全性，而中国人民银行已表态数字货币将完全取代纸钞M0。正如英国央行指出，当数字货币达GDP总量的30%，同时将带来3%的GDP增长。此外，有别于第三方支付平台，央行数字货币的匿名特性能保证用户无需任何银行账户就能通过电子钱包直接做支付和转账，也就是说中国出口商无需开设异国当地金融账户，而这将降低跨国贸易难度，打通新兴市场。与区块链的智能化属性类似，央行数字货币也属于智能系统，能溯源核实各方面交易明细与交易方信息，追踪监控并做好反洗钱等监管功能，甚至做针对性的融资、补贴、信贷等金融服务。这将给贸易伙伴带来大幅提升的效率和更多的赋能价值（如供应链金融服务），进一步加强人民币国际化和国际话语权。

跨境收付的现状与挑战有历史渊源，也关系到全球政治与主权，而金融创新将带来全新的可能，形成未来的新货币平衡点。中国在金融科技、第三方支付、央行数字货币的创新优势可带来较大的竞争力，改写全球货币格局。

▶ 本文仅代表作者个人观点，编辑：潘琦。

复旦大学泛海国际金融学院
金融EMBA学位项目

中国金融的力量
聚焦新商业领袖的金融领导力跃升

百年复旦 双证学位
百年复旦,华东第一金融名校底蕴,授予"复旦大学研究生学历证书+复旦大学硕士学位"双证证书。

金融赋能 实战创新
以金融系统知识与实战解决问题贯穿学习全程,在"行动学习"中领悟解决企业实际问题的智慧。

三轨合一 意识进化
基于国际先进教学理论,独创"三轨合一"课程体系,学生在两年学习中同时完成"金融知识系统构建、企业问题实战解决、领袖意识进化跃迁"。

产融交流 双重视角
来自金融与创新企业的高管各占50%,真正搭建优质产融交流平台。从金融与企业双重视角探究问题,互相助力,探讨破局之道。

学生构成

平均年龄 **39** 岁
平均工作年限 **18** 年　平均管理年限 **12** 年

双一流大学或同级别海外院校 **50%**　　拥有本科及以上学历 **100%**

公司决策层高管 **80%**

金融行业高管 **50%**　　实体企业高管 **50%**

- 官方网址:https://fisf.fudan.edu.cn/emba
- 咨询电话:021-6389 5670 / 021-6389 5608
- 邮　　箱:emba_fisf@fudan.edu.cn
- 地　　址:上海市黄浦区西藏中路18号(复旦大学泛海国际金融学院黄浦校区)
  　　　　　上海市杨浦区邯郸路220号(复旦大学泛海国际金融学院杨浦校区)

—— 扫码申请面试 ——

INSIGHTS

洞见

RCEP：
迈向亚洲共同体的第一步

RCEP 是建立亚洲共同市场的第一步，还需要走向亚洲共同体。

鞠建东
教育部长江学者特聘教授
清华大学五道口金融学院紫光讲席教授

《区域全面经济伙伴关系协定》(RCEP)由东盟十国发起,于2012年正式启动谈判,包括中国、日本、韩国等国家参与制度,美国一直未参与。历时8年,RCEP终于在2020年11月正式签署。在此之前,美国已宣布退出《跨太平洋伙伴关系协定》(TPP)。美国宣布"退群"之后,日本接替美国成为主导国,继续推进TPP,并达成《全面与进步跨太平洋伙伴关系协定》(CPTPP)。在没有美国支持的情况下,亚太地区国家依靠自身力量仍然推进了亚太地区经贸的深度合作。可以看出,亚太地区国家对于深度合作有着相当强烈的愿望,RCEP、CPTPP的达成代表了这些国家的理性选择。之前,由于中美贸易争端等因素,全球的"贸易保护主义"倾向加剧,而RCEP的签署表明亚太地区更加深度的经贸合作仍能继续推进。从这个意义上来看,RCEP是全球秩序重建的重要信号。

危险"共识":中美争夺世界领导权

近年来,全球秩序逐渐陷入混乱局面。尤其是中美爆发贸易争端之后,各国对全球失序的状态倍感焦虑。全球秩序缘何如此重要?著名经济历史学家金德尔伯格在总结1929年经济大萧条时提出,世界经济大危机之所以持续十年才结束就是因为当时全球治理体系失去了秩序。英国作为当时全球经济的主导国家,已无力继续主导全球经济秩序,能堪此任的美国直到1936年才愿意承担起主导全球秩序的责任。正是在这种失序状态之下,世界经济大危机持续了十年之久。

当下,新冠肺炎疫情席卷全球,世界各国都承受了巨大压力,不少国家身处危机,全球秩序亟待重建。关于这一次全球失序的原因众说纷纭,其中一种较普遍的看法是全球失序源于中美的世界领导权之争。不少观点认为中国影响力日益增强,而美国领导力正在下降。例如,Campell和Doshi(2020)(发表在《外交事务》),指出"中国正在填补美国的空缺,疫情为中国的'全球治理'提供了行动机遇"。法国国际关系研究所所长Thomas Gomart在法国《世界报》网站上发表的文章也表示,中国已开始对国际组织施加影响力,而美国对于继续担任"不可或缺的国家"这一角色已经心有余而力不足。

近日,美国布鲁金斯学会名誉主席约翰·桑顿(John Thornton)公开表示,目前美国外交政策思想家和行动家已经基本达成七点共识。其核心观点是中国在经济、科技、军事等领域将逐渐超越美国,并削弱美国实力和影响力的可信度,未来将建立以中国为中心的全球新秩序。与此同时,美国财政部长亨利·保尔森(Henry Paulson)最近也表示,"竞争已经成为中美关系的主要基调,美国需要在新任总统拜登上台以后,对中国采取定向对等(targeted reciprocity)的措施"。

问题的关键是,**中美之间的竞争是否成为世界领导权之争?** 这个问题非常重要。拜登已经明确表示,美国要重新领导世界。假如美国认为中国正在为以中国为中心的全球秩序奠定基础,那么中美之间的共识何在?中美之间的竞争是否为"你输我赢"的零和博弈?

从这个角度来看,**约翰·桑顿等人关于"中美争夺世界领导权"的"共识"是有害的、危险的,其得出的推论可能误导甚至绑架世界舆论**。这个推论认为,美国是第二次世界大战以来的"世界领导者",其带领西方大国建立了以布雷顿森林体系为核心的世界秩序。这个世界秩序总体来说运转得不错,推动了包括中国在内的世界经济的发展,推动了全球化的进程。但这种看法同时认为,现在中国要挑战美国的"世界领导者"地位。作为一个"挑战者",中国的文化、体制都和西方非常不同。中国这个新的、潜在的"世界领导者"能否成为一个比美国更好的"世界领导者"?这一担忧触发了西方国家的普遍焦虑。在这种焦虑之下,蓬佩奥四处兜售"中国要挑战世界领导权"的观点,要求美国及其盟国们团结起来对抗中国。正是基于这样的推论,使得桑顿等人提出的美国精英界"共识"变得危险且有害,极有可能引导中美双方的舆论走向对抗的境地。

失序之源:全球经济基础与上层建筑矛盾

全球失序并非因为中美在争夺世界的领导权。世界失序最根本的原因,是全球的经济基础与上层建筑出现了矛盾。

首先来看全球的经济基础。当前,无论是贸易格局,还是生产格局、消费格局,都已经形成了三足鼎立的结构:以德国为中心的欧洲贸易区,以中国、日

图1 官方外汇储备的货币构成体系(1975~2017)

本为中心的亚洲贸易区和以美国为中心的北美贸易区。然而，在上层建筑方面，从国际货币体系现状来看，过去20年以来，美元一直保持强势的主导地位，占官方外汇储备的60%左右；此外，欧元占比20%左右，人民币占比则不足2%（见图1）。

总而言之，全球的经济基础已经呈现出三足鼎立的结构，而上层建筑，如货币体系，仍是以美国和美元为主导。**因此，全球失序源于全球经济基础（贸易、生产、消费）的三足鼎立结构与以美国为主导的全球治理体系（货币体系）之间的矛盾。**

为了解决这个矛盾，必须建立与经济基础相适应的三足鼎立的全球治理体系。例如，在金融治理方面建立"金融双层治理体制"，一方面需要全球性的多边治理体系，如世界银行和国际货币基金组织；另一方面也需要有区域性组织，如美元区、欧元区和亚太货币区。另外，贸易治理方面也可以建立"贸易双层治理体制"，既要有世界贸易组织这样的全球机构，负责全球贸易的决策机制、贸易审查机制、成员遴选机制、解决争端机制，同时也要有区域性自贸协定，如美加墨贸易协定、区域全面经济伙伴关系协定等（见图2）。

因此，未来的全球治理体系在维持多元、多边特征的同时，也可能把相当一部分的全球治理权力下放给区域性的治理体系。一方面，能推动全球贸易治理体系重新发挥作用；另一方面，不同区域治理体系之间的竞争也能促进全球治理体系变得更加有效。

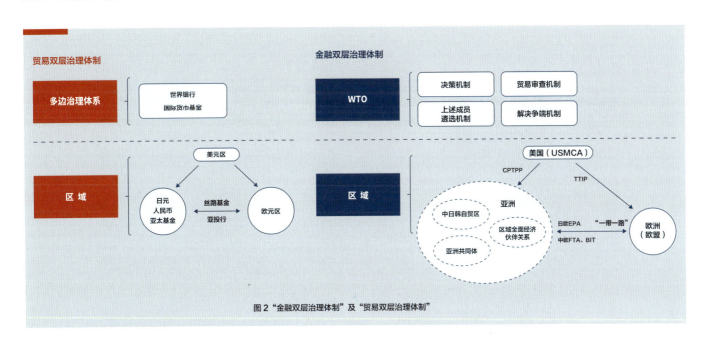

图2 "金融双层治理体制"及"贸易双层治理体制"

新全球化时代：多元竞争，竞争共存

无论是在货币还是贸易方面，多边和区域同时推进的双层治理体系都代表了一种趋势。理论上，从1500年至今的全球化可以划分为四个时代（见表1）。当前，人类社会已经从全球化的生产时代（全球化3.0）进入全球化的创新时代（全球化4.0）。与之前的时代相比，全球化4.0的公共品性质是技术创新。技术来源于人力资本，和过去的物质资本不同。物质资本可以很集中，例如，一个国家的少数富人可以掌握大多数的财富。但人力资本天然具有分散分布的特点，经济格局因此也呈现多中心性。在这样一种以技术创新为代表的时代，相对分散的全球治理体系更加符合时代要求。

因此，**全球创新时代的秩序应该是"三足鼎立，多元竞争，竞争共存"的，一个霸权国家主导世界的历史已经结束。**所以，美国的"思想界、外交精英"要从过时的"霸权、单极、一元"的思维方式里走出来。美国人民和中国人民要能够达成共识，而这个共识一定不是一个霸权国家。各方如果能够达成一致，实现多元共存、多元竞争，在三足鼎立格局下可以推动全球秩序更好地运转。

从这个角度来看，RCEP 作为亚洲秩序的一部分尤其重要。当前，亚洲秩序的形成类似于欧洲一体化的历程。欧洲一体化始于法国、联邦德国、荷兰等国家在 1952 年建立的欧洲煤钢共同体；然后发展成为欧洲共同体，进一步实现了劳动、资本、技术等要素的一体化；随后欧洲货币体系一体化建立，并形成了相应的共同治理体系。当前，RCEP 还处于建立亚洲共同市场的第一步，未来还需要走向共同的要素市场，如技术市场、资本市场、劳动市场，然后形成统一的货币框架，最终走向共同的治理体系。由此，全球秩序才会迎来一个光明的未来。

表1 全球化的四个阶段

全球化阶段	时间	公共品性质	供给方式与力量对比	全球治理体系
全球化1.0 全球化的发现时代	1500—1819	造船与航海技术	寡头竞争 国家间实力相对接近	宗主国主导的殖民体系 宗主国间有限竞争
全球化2.0 全球化的贸易时代	1820—1912	自由贸易理念	发达工业国提供 英国绝对领先	英国主导全球殖民体系
	1912—1950	过渡阶段	霸权更迭	主导国家缺失 两次世界大战
	1950—1980	自由贸易秩序	美国提供 美国实力绝对领先	美国主导全球秩序
全球化3.0 全球化的生产时代	1980—2008	自由经济秩序	美国主导提供 国家间实力差距减小	美国主导自由经济秩序 区域机构成为重要补充
全球化4.0 全球化的创新时代	2008至今	技术创新	天然分散分布 多中心经济格局逐步形成	全球与区域双层治理 三足鼎立区域治理

▶ 本文根据作者在"复旦金融公开课"上的演讲综合整理，编辑：张静、全泳铮。

全球化结构与形态发生了变化,但基本方向与趋势没有改变。RCEP 的签署有助于我国顺利地实施双循环,有助于我们在危机中遇新机、在变局中开新局。

RCEP助力大变局中的
中国经济双循环

洞见 INSIGHTS

余淼杰
教育部长江学者特聘教授
北京大学国家发展研究院党委书记

我国现在面临的大变局中,中美关系的深刻变化占最主要的位置。中美贸易摩擦在 2020 年年初告一段落。在第一阶段的经贸协议中,双方都做出了许多承诺,其中两点特别重要:第一,中美两国承诺对之前贸易摩擦还没有覆盖的产品不再加增关税;第二,中方承诺在 2017 年的基础上,两年之内扩大进口 2,000 亿美元,在 2020 年扩大进口 767 亿美元。

2020 年中国在 2017 年的基础上扩大进口的目标,目前仅达成了一半。不过,第一阶段协议中已经明确写出,如果发生不可抗力因素(如新冠肺炎疫情),协议将暂缓执行。对第一阶段贸易协议落实情况,美方对中方的努力还是作出了公允的评价,认为中方在大变局下能够将进口扩大近一半已难能可贵。由此可见,中美贸易摩擦已经由前线转移到后方,经贸关系已然成为中美关系"黑暗中的一盏明灯",是阻止中美关系下滑的阻滑器。

经济全球化的核心是贸易全球化。尽管贸易保护主义、贸易霸凌主义一直存在,但是生产地区化和贸易全球化的核心特征没有改变。从简单的铅笔到复杂的汽车,再到更复杂的大飞机,每个产品都是由不同国家或地区生产的零部件组成,再通过在某地集中装配销往全球。

全球经贸合作式微,区域合作方兴未艾

但是我们也意识到,经济的结构发生了变化,比如原来以世界贸易组织为代表的多边经贸合作停滞不前,许多国家或地区开始与自己经贸联系紧密的国家或地区进行经贸合作。现阶段经贸三足鼎立的情况是:德国为中心的欧盟地区、美国为中心的美洲地区和中国、日本为中心的亚太地区。今天的贸易你中有我,我中有你,形态错综复杂。全球主要的多边贸易协议是现阶段国际贸易合作的基本态势。

全球经济价值链面临着破裂的风险,特别在 2020 年年初出现了外资撤离中国、产业转移出中国的论调。为了应对这个挑战,我国制定了很多政策,其中最重要的就是双循环。在全球多边经贸合作式微、地区经贸合作多边机制加强的背景下,中国在实现经济外循环方面有三大重点。

第一是大力推进"一带一路"倡议落地。相对于陆上丝绸之路,我们应该优先发展"海上丝绸之路"。中国和以东盟十国为代表的"海上丝绸之路"的沿线国家经贸水平远高于其他国家,我们与"海上丝绸之路"国家的合作是有源之水、有本之木。

第二是推动区域经济伙伴合作关系(RCEP)。

2010年十个国家形成了自由贸易区：两个富国——新加坡和文莱，四个中等国家——菲律宾、印尼、马来西亚、泰国，四个最不发达的国家——越南、缅甸、老挝、柬埔寨。因为这个自由贸易区的存在，现在东盟已经取代欧盟和美国成为我国最大的贸易伙伴。这可以从我国和东盟十国的关税减免中看出，在2010年我国对六个比较发达的国家实施了零关税，在2015年对四个比较不发达的国家实施了零关税。

第三是积极参与全面与进步跨太平洋伙伴关系协定（CPTPP）。 东盟十国自贸区的签订对中国发展区域经济合作是非常重要的一步。当我们迈出这一步之后，下一步如何走有几种可能。第一种是走"10+3"的道路：东盟十国再加上中、日、韩三国。也可能是走"10+6"的道路，即再加上新西兰、澳大利亚和印度三个国家。

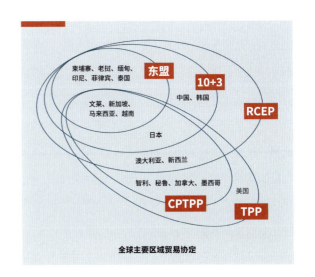

全球主要区域贸易协定

创新规则下，最具潜力的自贸协定

RCEP是世界上人口最多、经贸规模最大、最具发展潜力的自由贸易协定之一。贸易总额约占全球贸易29.1%，人口数量占全球人口47.4%，生产总值占全球GDP32.2%，投资数额占全球投资32.5%。由此，我国对外签署的自贸协定将达到19个，自贸伙伴将达到26个。通过RCEP，我国与日本建立了自贸关系，而我国与自贸伙伴贸易覆盖率增加至35%左右。

RCEP分成商品贸易自由化、服务贸易正负面清单相结合形式、投资便利化、自然人流动便利和数字贸易五块内容。

商品贸易自由化的第一点，规定参与国之间90%的货物贸易将实现零关税，分为立即达成零关税和渐进达成零关税两类。

第二点，实施统一的原产地规则，允许在整个RCEP范围内的15个国家累积计算产品增加值。因为实施统一原产地规则，将阈值设定提高，RCEP相对而言是高度开放的区域合作协定；而北美贸易协议对原产地条件的限制很多，贸易保护性很强，真正的自由贸易度就比较低。

第三点，贸易救济中纳入"禁止归零"条款。根据之前的反倾销政策，我们的产品卖到美国，如果美国认为我们的产品价格低于其所谓的公平价格，就会对这差额进行征税；如果我们的产品价格高于公平价格，就归零。而目前正、负都要算。

第四点，对快运、易腐货物等争取6小时通关，整体超过了世界贸易组织的《贸易便利化协定》。比如，中国的大米此前受到壁垒限制，现在有了新的规则，贸易就更加方便了。

第五点，在《卫生与植物卫生措施协定》的基础上，减少不必要的技术性贸易壁垒。

在服务贸易方面，采取了负面清单和正面清单相结合的模式。日本、韩国、澳大利亚、新加坡、义莱等七个国家会采用负面清单，另外八个国家采取正面清单的模式，并要求六年内全面实施负面清单。

正面清单是指在鼓励类、允许类、限制类和禁止类的外商投资中，得到许可的项目才能进行投资。负面清单是指不在限制投资清单上的就可以投资。哪一个更自由呢？当然是后者。在经济发展过程中会不断涌现新的产品和服务形式，如果采用正面清单，很多贸易无法实现；但如果采用负面清单，很多新的创新模式没有被禁止，自然而然就可以来做零壁垒的贸易。

投资便利化方面体现在负面清单的模式以及投资争端预防和外商投诉的协调解决这两个方面。

RCEP 的内容还包括投资的便利化，全部采用负面清单模式，并设有投资争端预防和外商投诉协调解决的预防机制。

在自然人流动方面，除了个体本人的流动外，还包括家属的流动；签证政策也更加灵活、期限更长。

最后是数字贸易方面，包含了两方面的内容：一类是数字的商品贸易，比如以阿里巴巴为代表的电子商务的形式；另一类是数据贸易，包括阿里云、华为云等。

RCEP 助力：推进外循环，引领内循环

RCEP 有助于经济外循环，体现在对出口、进口和投资的促进上。在 RCEP 建立之前，因为关税的存在，即使中国的产品比较好，日本国民可能只买日本的产品；而日本对中国的关税逐步取消之后，中国的产品就能进入日本，在出口方面体现了贸易创造的作用。进口方面也是类似的情况，外国产品更容易进入中国市场，使中国百姓能够拥有更多开放的获得感和幸福感。在投资方面采用负面清单的模式，明确了哪些领域不能投资后，中国企业可以顺利地进入区域合作内的 14 个国家，助力了外循环。

RCEP 也有助于经济内循环。比如，国务院办公厅于 2020 年 8 月出台了 15 点有利于贸易自由化、投资便利化的政策，来推进"六稳"工作。我认为，"六稳"中的"稳就业"是重中之重。稳预期是起点，稳就业是终点，稳外资、稳外贸、稳投资、稳金融都是稳就业的基础。上面提到的国务院办公厅出台的政策，涉及到了 RCEP 的范例和规则，可以帮助我国进一步形成一个统一的国内大市场。

概括而言，全球化的结构与形态发生了变化，但是基本的方向与趋势并没有改变。RCEP 的签署有助于我国顺利地实施双循环——帮助推进外循环，帮助引领内循环。如果我们能够推进双循环的实施，中国仍然处在最好的机遇期，我们就能做到在危机中孕新机、于变局中开新局。

▶ 本文根据作者在"复旦金融公开课"上的演讲综合整理，编辑：潘琦。

价值链金融，
在抱团取暖中共享价值

中国金融现有的问题无法套用欧美成熟的金融体系解决方案，而需要通过价值链金融抱团取暖。通过抱团可以把中国金融各个短板的成本降得更低，在价值链上不断创造新的机会，这是价值链金融的核心。

孙立坚
复旦大学经济学院、世界经济研究所教授
复旦发展研究院金融研究中心主任
上海政协委员
致公党中央经济委员会副主任

2020年，新冠肺炎疫情为全球经济带来更多的不确定性。面对经济持续下行，单枪匹马难成气候，唯有抱团取暖才能挺过难关。正如《区域全面经济伙伴关系协定》（RCEP）的正式签署是亚太地区23亿人口的抱团取暖，中国经济要完成新的跨越，也要实现抱团取暖的商业模式，通过价值链金融补足中国金融的短板，在"链"上创造机遇、共享价值。

金融资源错配：钱多、项目少

中国金融体系的改革严重滞后于中国经济改革的步伐。当前，中国金融体系的运作模式仍有计划经济时代的影子，即主要靠银行做抵押贷款服务。抵押是国际上商业银行服务实体经济的标准化流程，但中国实体经济中好的项目少，主要来自政府订单，抵押品产权通常归政府，无法通过市场来进行清偿抵押。尤其是市场发育不成熟的三、四线城市，政府主导的模式更加明显。政府要求银行为地方投融资平台提供充裕的资金用作基础设施建设，以搭建营商环境的舞台，但舞台本身不能提供效率。如果这个舞台后续不能持续吸引消费和投资，政府债务将无法通过税收增长来平衡，长此以往导致一些地方政府的资产负债表非常糟糕，资不抵债问题十分严重。所以从资产端来看，中国金融体系的一个问题就是，政府创造订单的模式之下损失了资产配置的效率。

过去四十多年，中国经济主要通过招商引资把海外的投资主体和金融服务引入国内，从而推动中国经济的高速增长。这就造成了中国经济的"两头在外"——"科技在外，市场在外"，需要靠外资企业的技术、欧美市场的消费需求才能拿下海外订单，从而支持中国的投资、就业和增长。与此同时，为了鼓励境外投资主体到中国来投资，人民币汇率一直处于被低估的状态（这也是市场化的调整结果）带来了中国金融的另一个问题：货币被动超发。改革开放以来，尤其是20世纪90年代以后，中国出现了"双顺差"：一方面出口获得的美元兑换了更多的人民币，另一方面外资企业带进来的美元也兑换了更多的人民币。双顺差带来中国货币总量的剧增，但经济发展有其自身的规律和节奏，过多的资金无法被吸收，从而可能引发一系列问题，比如涌入股市可能引发股市泡沫，涌入房地产则可能引发房地产泡沫。所以中国金融体系不仅要解决好项目少的问题，还要解决钱多的问题。

钱多了之后，还要解决钱去哪儿的问题。当前，中国已经进入中等收入阶段。由于社会保障体系有待健全，与高等收入国家相比，中等收入国家的民众倾向于重理财、轻消费。大量资金用于理财，从而导致债务、资产泡沫等问题。尤其在理财产品不足的背景下，房产也被作为理财产品，导致生活成本加重，极大地限制了民众的可支配收入水平，消费意愿和能力的降低限制了内需，中国的内循环很难形成。当前，中国的金融机构主要通过政府订单，将民众的理财资金直接转到基建投资为主导的实体经济部门，而不是通过刺激大众消费和改善企业营商环境增加再投资，从而为实体经济带来利润。因此，由于地方债务和项目资金回流差等硬伤，金融赋能实体经济的效果大打折扣。社会保障的后顾之忧和购买力下降的预期若不解决，必然会使中国金融在目前中等收入阶段面临脱实向虚的挑战。

中国金融寻求渐进式改革

由于中国金融体系的特殊性，无法直接照搬欧美国家小政府大市场的模式通过市场力量来解决问题。欧美金融市场成熟度已经很高，动荡和危机可能是欧美金融市场解决既有问题的最好方法（就像幼儿感冒发烧后免疫力会增强一样），其民众普遍具有较高的收入水平、金融素养和风险承担能力。但目前中国老百姓的收入还没有能力承受得了市场这个"外科手术"对他们可能造成的冲击。中国经济始终倡导稳中求进，14亿人口的大国若遭遇危机，国家的稳定将面临极大挑战。中国经济的成功确实源于"开放倒逼改革"，但我们也发现东南亚和拉美国家经济的溃败就是由于开放造成了金融的失败，所以金融不能简单照搬"开放倒逼改革"的概念。如果金融发展不成熟、不健全，开放的结果就是危机。

因此，设计中国金融改革的战略规划时，一定要重视中国当前的发展阶段对金融的内在需求，让金融服务好实体经济，而不是靠金融引领实体经济，刺激实体经济跟上金融超前发展的节奏。事实上，从中国的营商环境来看，改革开放四十多年来，中国的制造业是往前不断发展的，但是真正进入世界五百强的中国制造业的企业很少。所以"开放倒逼改革"的成果，某种意义上仅仅是从 GDP 上来看有了飞速的变化，并没有真正倒逼中国制造业产品质量的提升。过去中国民营企业利用了跨国企业的技术，凭借出口订单规模大、汇率贬值、劳动力成本低等外在条件获得了财富的增长。这只是在为外资企业"做嫁衣"（加工贸易主导），但始终没有形成真正的核心竞争力。所以现在中国提出高质量发展，就是要解决仅靠价格优势获取商机的短板问题。之所以我们要谈价值链金融，就是因为我们绝对不能通过"开放倒逼改革"这一简单模式来解决中国金融的问题，而是要先解决金融怎么找到好项目、怎么为实体经济服务的核心问题，然后加快金融开放的步伐，提升中国金融在世界经济中的影响力，参与合作共赢的全球化发展，这才是中国金融改革开放的合理顺序和可持续发展的出路。

只有形成"链"，价值才能产生

要改革中国的金融体系，一定要清楚中国的优势是什么。中国的第一张好牌是第二代人口红利。不同于第一代的廉价劳动力，第二代人口的人均收入虽然远远赶不上欧美国家，但每个家庭都有了一定程度的储蓄，存在潜在的"二元结构"的消费市

场，为外循环向内循环转变提供了很大的发展空间。尤其是电商平台的商业模式整合了资源，提高了效率，降低了成本；为原本没有能力进行线下消费的人提供了改善生活质量的新场景，激活了线上消费的潜力，我们可以称之为流量模式。流量也为数字经济的未来发展创造了广阔的市场需求，所以中国金融必须要大力发展普惠金融模式，把中国新一代的人口红利充分调动起来。未来中国可持续发展的第二张好牌就是顶层设计。欧美一些国家以利好精英阶层的"公平竞争优胜劣汰"的机制为重心，推动小政府大市场的运行模式，结果造成了不可逆的"赢者通吃、阶层固化"的社会矛盾。而中国政府重视稳中求进，强调经济发展以谋求大多数人的利益为主要目标，同时中央财政致力于通过政府支出和放权来改善民生。中国之所以比欧美国家拥有更强的流量活力，这和政府基建投资带来的现代"物流"，基站投资带来的性价比超高的"信息流"，以及放松金融管制鼓励电商大力发展第三方支付（支付宝、微信支付等）生态体系所形成的"资金流"密切相关。今后在进一步改善民生利益、完善社会保障环节，政策金融的发展和优化空间还有很大。这和欧美国家不作为，或者一些国家"巧妇难为无米之炊"的局面形成鲜明的对照。第三张好牌是中国头部企业的先发优势。尤其在通信、电商、医疗、新能源等领域中国已经掌握了世界最核心的技术和市场化能力，并逐渐发挥引领作用。这就需要依靠一大批受过世界顶级教育、在专业领域见多识广的中国优秀人才，他们回国发展后形成了以创新驱动企业发展的氛围。这些享受了改革开放红利、具备相当财富实力的群体可以为中国企业高质量高代价的创新产品和服务买单，避免出现企业投资和家庭消费不匹配而造成创新企业无利可图、中小企业被边缘化的问题。这里面起关键作用的因素就是下面重点阐述的价值链金融体系。

中国的好项目在"中国制造"。中国具有全世界最完备的产业链，这是中国的核心竞争力。因此中国金融要对接产业链，和实体经济联合在一起。但是，中国的这张牌还不完整。中国还要解决供应链的问题，其重点在于降低海外研发主导型的部件进口的比例，提高自主研发的能力。产业链和供应链的集合就是价值链。当前，无论是产业链还是供应链，都无法单靠某一个企业或者某一个行业发展，因此价值链的重点就在于"链"，在于抱团取暖。只有"链"的商业模式做出来，才能给中国制造、科技创新带来高附加值的回报。

价值链是一个大的系统工程，政府和市场要抱团取暖，国企和央企要抱团取暖，消费者和投资者要抱团取暖，外资企业和中资企业要抱团取暖。所以RCEP的签署可谓鼓舞人心，这也是一种形式的抱团取暖。那么抱团取暖要怎么来做？我们就要从产业链和供应链当中来寻找这种抱团取暖的商业模式。

在"链"上创造机遇

要建立价值链，第一，要有开源的能力，即研发能力；第二，要有孵化的能力，能够把研发转变为应用；第三，要把应用转成为规模化生产，掌握定价权和形成行业标准；第四，要把供给转变为老百姓的需求，给供给带来利润的回流，让利润可以源源不断地再做供给，形成市场闭环，即通过前面三个环节来满足老百姓的需求，实现他们对美好生活的向往；第五，要包容老百姓的"不需求""不消费"，要通过金融服务把老百姓的储蓄转变为服务实体经济的资金，让储蓄赋能研发、孵化、产业，这是金融服务实体经济的概念；第六，是人民币的国际化，中国作为世界第二大经济体必须考虑提升国际化的金融服务能力，把中国的核心竞争力转移到国际舞台上，通过人民币的国际化对冲国际贸易摩擦等风险。这六个环节共同组成了价值链。价值链金融的重点就在于抱团取暖，各个环节要形成合作模式，通过"链"来分散风险、分享价值。

如何在"链"上创造机遇？**第一，在整个价值链中，需要最先考虑研发的企业，要有人为创新买单**。怎样让研发企业的收入增长？其一，为研发企业找好下家。让价值链下游的孵化企业主动寻找上游的研发企业项目，降低应用端成本的同时，又为研发端创造了收益的机会。当前中国应用端企业最大的开支就是海外技术的购买支出，随着中国高质量的发展、海外人才的回归，中国会有大量高端研发呈现，国内技术相对海外技术具有价格优势，一旦中国的技术品牌获得广泛认可，中国企业不再依赖海外技术，我们的研发企业就可以赚钱。其二，政府跟投创新项目。一旦下游的企业购买上游企业的产品，用真金白银投票，项目就会被看好，政府就会跟投。而这一环节政府一定要跟进，全部让下家购买，风险太高，政府要做好兜底工作。

第二，成功孵化的产品需要大企业的支持才能形成规模效应，产生利润。反垄断法的出台有利于应用端的中小企业与规模化生产的大企业进行博弈，迫使大企业必须为应用端中小企业的创新支付高昂的利润，而不是利用资本优势低价收购中小企业或者挤压中小企业的生存空间。由此，应用端企业可以专注于产品的孵化和落地，大企业则将精力放在扩大市场份额、提高行业标准和话语权上面。在此过程中，各环节协作分工，共享价值，共担风险。

第三，利用数字经济开拓市场机遇，形成市场闭环。当前，中国企业转向市场的时候，也面临释放产能的压力。对此，中国在内循环方面可以发挥人口的长尾优势，发展数字经济。数字经济免去了仓储、柜面等环节，在降低成本、刺激消费和释放人力资源等方面都有优势，可以在价值链上不断创造新的机会和需求。外循环的机会则在"一带一路"倡议与《区域全面经济伙伴

关系协定》（RCEP）等方面。同国内的模式一样，"一带一路"沿线国家也潜藏巨大的长尾效应，由此可以把中国的数字经济推广出去。目前，中国帮助"一带一路"沿线国家兴建基础设施、铺设5G基站、推广支付宝、微信支付等数字支付手段，在物流、信息流和支付方式等各方面为数字经济做好了准备。RCEP的签署，则为中国数字经济走出去创造了更广阔的机会。因此，无论是内循环还是外循环，中国都要走数字经济的模式，中国企业要扩大市场份额，其核心竞争力在线上而非线下。随着中国向海外投资，一方面可以为国外创造就业机会，另一方面也为人民币输出创造了渠道，人民币跨境可以打造离岸金融，未来可以反哺在岸金融。这也是我们讲的中国和外国要抱团取暖。

第四，大企业在找到市场以后，中国贸易结构的重心将逐渐从商品贸易过渡到服务贸易，输出品牌和技术将成为重点。 要实现服务贸易顺差，中国的大企业要掌握要素的定价权，这是服务贸易的核心竞争力。例如，电商平台要为市场创造具有长尾效应的订单，为市场闭环创造条件。所以电商平台不能只为自己赚钱，还要为平台上的企业找到生存之道。支付宝等支付平台可以做金融，但不应局限在理财金融里分一杯羹，而应该通过支持研发的孵化和落地，赋能实体经济，将消费和创业下沉到三四线城市的同时，把中国的流量商业模式带到海外，以线上模式促进中国的"双循环"。

第五，通过财富金融赋能实体经济。 民众的理财资金也需要赋能供应链上的各个环节。当前民众的储蓄意愿较强，从而理财资金大量进入金融机构，为此，我们既要允许金融机构通过传统的对公业务或一级市场的投资业务来直接服务实体经济，也要允许金融机构通过二级市场投资，为研发、孵化、生产等环节间接提供资金和实现风险共担的功能，由此达到财富金融赋能实体经济的良好效果，避免出现金融机构内资金的"堰塞湖"现象。在整个价值链金融中，各个环节之间的合作是利润的来源，也是创造订单的来源，只有整个价值链的各个环节给彼此创造机会，才能实现价值共享。

第六、通过离岸金融提升中国财富的安全。 中国的经济体量已经处于世界第二的位置，当前中国的发展阶段和比较优势主要反映在出口增长和海外投资这两大外循环的渠道上。但在美元主导的国际金融体系中，如果中国不能够增加人民币在海外使用的场景，就会面临美国利益至上的美元政策所导致的非美国家脱离基本面的汇率风险、外储价值缩水风险以及资本外逃风险等。货币政策的独立性也将受到挑战，从而影响中国的金融安全。所以，我们要借助于当前中国实体经济发展的良好势头，重视中国金融体系储蓄率高和金融服务国际竞争力不足的短板问题。我们要充分利用国家给予上海先行先试的政策红利，在临港新片区探索高度开放的生态环境，从而推进离岸贸易、离岸金融带来的人民币的跨境业务场景。在培育中国进口市场、"一带一路"等海外投资战略输出人民币（伴随贸易顺差额减少资本账户逆差加大）的同时，推动海外市场购买中国品牌、中国技术、中国标准、中国服务等要素主导的中间品和服务（服务贸易顺差迅速增长），让境外人民币健康回流。有了如此强大的人民币网络效应，再加上国内理顺了金融和实体经济良性循环的生态关系，在岸金融和离岸金融合二为一的高度开放的场景才会让中国金融和实体经济真正携手走进大而强的国际阵营，并避免后花园着火的系统性风险。

综上所述，中国金融现有的问题无法套用欧美成熟的金融体系的解决方案，而需要通过价值链金融抱团取暖，通过抱团可以把中国金融各个短板的成本降得更低，在价值链上不断创造新的机会，这是价值链金融的核心。将储蓄转变为投资，中国就有可能避免金融开放过程中储蓄流向海外的风险。建立普惠的商业模式，实现价值共享，是价值链金融的宗旨所在。

▶ 本文根据《复旦金融评论》的访谈记录整理，仅代表访谈者个人观点，采访/编辑：张静。

2021年A股市场的投资机会在哪里?

强者恒强的追涨效应使机构投资的行业分布趋于集中,而行业估值分化可能会加大个人投资者追涨杀跌的风险。

林采宜
中国首席经济学家论坛研究院副院长

胡奕苇
首席经济学家论坛研究院研究员

2020年：估值变化主导的结构性行情

作为反映市场投资情绪的重要指标，沪深300指数的市盈率自2020年6月起整体上涨，在大盘估值被拉高的背后，是不同行业的估值呈现出两极分化的态势。科技与消费行业估值领跑，银行、房地产、建筑装饰和农林牧渔等传统板块的估值接近历史底部。

具体而言，计算机、国防军工、休闲服务等市场关注的热点行业估值水平领跑大盘，并呈现不同程度的泡沫化趋势。金融、房地产、建筑等传统强周期性板块和农林牧渔的估值在经济下行和政策调控等因素作用下持续走低。休闲服务、商业贸易等旅游商贸主题板块受疫情影响较深，估值于第一季度接近历史最低位，2020年6月以来伴随经济复苏开始回升。从不同板块的估值来看，科技和消费板块大受追捧，汽车、食品饮料、纺织服装和休闲服务板块的估值纷纷跃入高位，其中休闲服务板块估值回升速度与当前市盈率百分位均位列所有行业之首（见图1）。

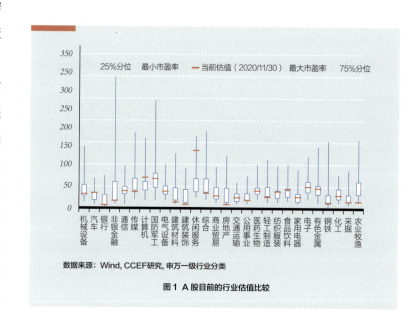

图1 A股目前的行业估值比较

2021年：业绩主导的每股收益行情

通过对2020年前三季度28个行业价格指数变动率及其影响因素的分析，我们发现传媒、农林牧渔和房地产等3个板块盈利增长，估值下行。其中，传媒板块受互联网影响较大，业绩预期不稳定，估值也相应起伏较大；房地产板块受持续收紧的楼市调控政策和监管新规影响，市场对其未来的发展预期不乐观，估值因而一路走低。农林牧渔板块在2020年前三季度持续盈利，上半年板块内上市公司净利润同比增长217%，但股价没有反映出这些盈利增长。由于农林牧渔相关产品需求长期稳定，业绩确定性较强，目前估值接近历史最低位，存在较大的上涨空间（见图2）。

与此同时，机械设备、国防军工、电子、医药及食品饮料、轻工制造等8个板块盈利增长的同时

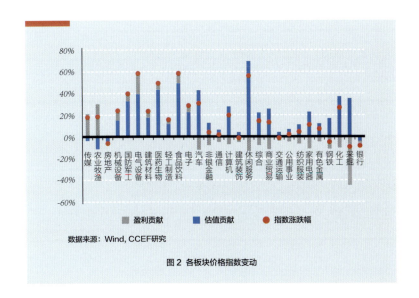

图 2 各板块价格指数变动

估值也相应上升。得益于行业的快速增长,机械设备、电气设备、国防军工、电子和医药生物前三季度净利润都呈现两位数的增长;建材板块与轻工制造板块净利润同比增长由负转正,其中轻工制造行业受益于国内消费复苏与外贸出口进一步回暖,估值在目前的低位上有进一步上行的空间。

食品饮料板块上半年净利润同比增幅不及往年,但由于必要消费品在经济下行压力中具有高度韧性,其股票受到市场的一致追捧,目前估值处于高位,价格泡沫风险在增大。

医药生物板块前三季度股价一路上行,估值泡沫不断增大。2020年10月,由于全国医疗器械集中采购制度的推出,市场对医药板块的盈利成长预期发生了较大的变化,一些医疗器械企业的股价因此急转直下。此外,新冠肺炎疫苗的成功推出,也使得一些疫情概念股的涨势出现了一定的调整。但由于医药行业具有较高的专利壁垒,容易出现头部企业优势明显,医疗器械的集中采购会进一步强化这种优势。头部企业在盈利预期调整过后,随着其市场份额的扩大,股票价格仍然有修复空间,而非头部企业未来可能面临业绩与估值双双下行的压力。

与医药板块类似,计算机随着行业发展同样显示出头部企业与其他企业分化的集中效应。过去两年中计算机板块的估值长期在高于60%的分位波动,2020年以来,在科创板的比价效应下,估值持续上升。随着反垄断法的出台、执行和集采制度的落实,对独角兽和医药板块的盈利预期将发生一定调整,一些头部企业的估值溢价大概率将趋于回落。

此外,工业板块集中了较多热门主题的成长股,估值在"科技概念"的光环中居高不下;实际消费复苏程度低于预期也使得消费服务业的高估值面临较大的回调压力。

银行是唯一盈利与估值变动同步下行的板块。受疫情波及,上市银行上半年不良率环比增加10.19%[1],净利润首次出现负增长,同比下跌9.1%,2020年年初至12月市盈率累计下跌体现了市场对银行板块的坏账预期。但从财务报表的数据来看,银行业利润下滑主要受拨备计提力度加大的拖累。2020年,上市银行的拨备覆盖率相较2019年末上升11.4%,目前高达204.33%,大幅高于120%的监管要求。与此同时,大部分商业银行的拨贷比在3%~5%,也大幅高于1.5%的监管要求。如果剔除拨备变化影响,上半年上市银行的净利润同比增幅6.5%,实际业绩并未有显著恶化,由此可以预期,银行未来的利润释放空间大概

---

[1] 普华永道数据

率将提高该板块的估值。

因此,从正常的市场逻辑看,2021年将是业绩主导的EPS行情,低估值且业绩预期稳定的板块投资机会相应较大。目前被严重低估的银行、农林牧渔、轻工制造等板块或有较大的投资机会。

行业估值分化或加大投资风险

由投资者情绪主导的资本市场,从短期波动来看,股价走势与基本面背离的情况多有发生。就目前的A股市场而言,市场对未来消费(尤其是可选消费)升温的过度乐观预期和对风口行业成长性的追捧是导致目前一些板块估值高企的主要原因。强者恒强的追涨效应使得机构投资的行业分布趋于集中,而行业估值分化可能会加大个人投资者追涨杀跌风险。

首先,从公募基金持仓情况看,2020年中报显示,公募基金在医药生物、电子、食品饮料和计算机四个板块的投资市值占机构股票投资总市值近50%(见图3),从另一个角度印证了这四个板块的股价上涨和机构资金的"集中青睐"有关,而机构的集中青睐非常容易催生估值泡沫。一旦业绩预期落空,或估值溢价出于种种原因回调,机构集中减持,板块面临巨大的价格下行压力,追涨的投资者或被套牢。

其次,上市新股也是估值泡沫的生产基地。由于新股预估发行市盈率受限,通常低于同业估值水平,因此热门板块新股上市之初往往遭哄抢。2010年前三季度在主板上市的公司发行市盈率多为所属板块估值的1/3~2/3,纳入同业指数后,绝大多数的新股估值增长率都跑赢所在板块,比如医药生物行业,新股的平均市盈率最高可涨至同期板块估值的6倍。因此,新股吸引了大量资金,导致平均中签率低于1%。通常而言,在注册制下,新上市公司的成长模型难以预估,与成熟的上市公司相比,业绩具有更大的不确定性。一旦业绩预期落空,追涨的投资者将成为其价格泡沫破灭之际的牺牲品。估值泡沫增长越快,追涨的投资风险越大。

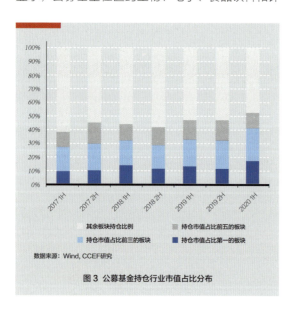

图3 公募基金持仓行业市值占比分布

▶ 本文仅代表作者个人观点,不作为投资建议,编辑:潘琦。

迈向2021，
中国经济的远虑与近忧

2021年是"十四五"规划的开局之年，我国将以"促进国内国际双循环"作为核心战略，坚持高质量发展和深化供给侧改革，通过加快发展现代产业体系，发挥科技创新、提振内需、深化改革的作用，以更加开放包容的态度推动经济体系优化升级。

李清娟
复旦大学泛海国际金融学院智库研究中心主任

孔　雪
华夏经济发展研究院青年研究员

2020年，全球经济受到严重冲击，中国成为为数不多的经济正增长的国家。从困境中率先复苏的中国经济为全球产业链有序循环提供了重要支持。国内主要经济指标、总产出已回到疫情前的水平，并进一步实现了创新能力提升、国际国内市场开拓、产业提质增效等目标，催生出更多新业态、新模式。

2021年，随着全球经济活动全面复苏，在经济高质量增长发展目标的引领下，中国宏观经济整体向好发展势不可挡，双循环发展主线将持续推动经济增长。然而，我国的发展仍处于并将长期处于重要战略机遇期，面对世界经济发展的不确定性和外部发展环境的多变性，2021年中国经济发展仍将面临诸多的挑战。

2020，大变局

2020年作为百年未有之大变局承前启后的一年，在全球经贸格局与秩序重构之下，世界经济展格局开始重新定义和洗牌，我国经济所面临的外部环境发生了深刻变革。

首先是世界经贸格局大洗牌。 自2008年金融危机以来，经济全球化扩张迎来转折，全球经济发展格局被重新定义，大国博弈、产业回流、贸易竞争等问题愈来愈突出；直到2020年受疫情影响全球经济低迷，各国产业链、供应链出现断链的困境，贸易与投资格局面临前所未有的挑战。在全球市场发展环境复杂多变的情况下，单边主义、贸易保护主义、地缘政治等因素引发全球经贸格局与秩序重构。作为核心力量的中美两国在经贸发展上将持续保持博弈状态，尤其是拜登政府正式掌握国家权力后，为建立更加稳固和可信赖的国内产业链体系，美国计划通过组建新联盟的方式推动一体化发展，以对抗来自中国的"战略挑战"。

为推动经济一体化、共享开放发展的红利，引导国际社会共同塑造更加公正合理的国际新秩序，中国、日本、韩国、新加坡、澳大利亚等15个国家签署《区域全面经济伙伴关系协定》（RCEP），共同维护"后疫情时代"多边贸易体系稳定。这一自由贸易协定惠及了拥有22亿人口、市场占全球将近30%的地区，旨在通过削减关税及非关税壁垒，建立统一市场。

其次是风险向金融机构聚集。 全球主要经济体都采取宽松的货币政策来刺激市场和经济发展（见图1），各国央行和财政部门长期"撒钱"，将金融市场推向了风口浪尖。金融市场的发展在政府宏观调控政策的干预下逐渐偏离了正常的航道，2020年的美股熔断、原油暴跌、瑞幸造假、蚂蚁上市暂停、信用债券爆雷等事件都反映出股权与债券市场的层层危

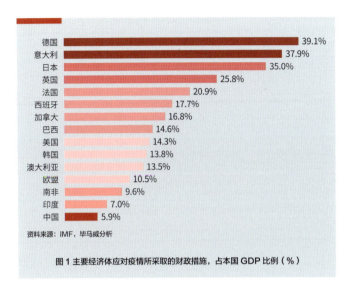

图1 主要经济体应对疫情所采取的财政措施，占本国GDP比例（%）

机。从图1可以看出，与世界各国相比，中国采取的财政政策力度是最小的，对经济的破坏程度也较低。

随着疫情逐渐得到控制，我国激进的财政政策已经逐步回归常态，但金融机构防范在资产聚集过程中的金融风险是重中之重，若金融机构的风险不能得到良好的控制，最终相当部分的损失将由政府承担。2021年各国都将综合考虑经济增长对债务融资的需求，减少杠杆过快上升带来的金融风险，随着"宽货币"政策的逐步退出，银行在自身盈利不足的情况下将面临比2020年更大的困境，经济复苏或将面临持久战。2020年9月份央行发布《金融控股公司监督管理试行办法》，为更好地规范金融秩序和服务实体经济发展奠定基础。

最后是**新冠肺炎疫情折射出的全球环境危机**。气候变暖和人类的肆意扩张行为与新冠肺炎病毒、埃博拉病毒等的产生密切相关。人类无限制地蚕食野生动物的生存空间，造成未知病毒在人畜之间传播；全球气候变暖造成两极冰川融化，所带来的严重后果也不仅局限于海平面上升，冰川下休眠的细菌病毒一旦扩散开，人类将面临更多的突发性疫情。

2020年在世界各国疲于应对新冠肺炎疫情的挑战时，世界经济出现国民经济发展放缓或者倒退的情形。全球经济增速放缓的同时却意外带来了环境因素的改善，根据全球碳预算项目的统计[1]，今年全球二氧化碳排放减少24亿吨，碳排放总体下降了7%。但随着疫情得到控制，全球碳排放量正逐渐恢复到疫情暴发之前，譬如我国今年碳排放量下降1.9%，而深陷疫情泥潭的国家碳排放量减少达10%以上，可以说真正促使全球碳排放减排的决定因素还没有出现，当生产与消费再次占领市场时，生态与发展之间的冲突将再次爆发。

为此，中国在签署《巴黎协定》五周年之际提出有效应对环境危机的举措，即中国将提高国家自主贡献力度，采取更加有力的政策和措施，二氧化碳排放力争于2030年前达到峰值，努力争取2060年前实现碳中和。

中国经济，持续回暖

安全稳定的投资环境与完整的产业供应体系将中国市场推向世界，我国成为世界投资贸易的安全岛，数字经济、产业电商、跨境物流和工业互联网平台等产业体系进一步提升我国产业链与供应链的能力，与稳步回升的服务业和消费市场一起，共同推动了国内经济局势向好发展。疫情将深刻地改变人们的交流方式，信息充分流动，降低了交易成本。

第一，中国成为世界投资贸易的安全岛。 2020年国际生产体系面临的挑战是巨大的，而中国不仅拥有完备的产业体系，且一直致力于国际发展战略布局，内地市场环境的稳定性和安全性促使中国成为推动国际市场经济复苏的重要一

---

[1]《2020年全球碳预算》，《地球系统科学数据》(Earth System Science Data)，2020.12.11.

环,中国经济的增长走在世界的前列。从利用外资上来看,虽然总体上外商投资较 2019 年有所减少,但 2020 年前 10 个月中国实际使用外资同比增长 6.4% 且连续 7 个单月实现同比增长,中国成为全球跨国投资的"稳定器"和"避风港"。此外,在高新技术行业领域中,生物医药、半导体、新能源、新材料等成为外商投资的热点,2020 年 1—10 月实际使用外资同比增长 27.8%,其中研发与设计服务同比增长 82.1%[1]。可以说,持续优化的营商环境不断刺激外部资金流向国内市场,当前时期中国已经成为最大、最核心的投资目的地。从贸易进出口来看,外需市场的回暖与国内外贸政策的利好,民营企业抓住市场需求的机遇共同推动国内进出口市场的走高。海关总署近日发布数据显示,2020 年前 11 个月,中国货物贸易进出口总值 29.04 万亿元人民币,比去年同期增长 1.8%。其中,出口 16.13 万亿元,增长 3.7%;进口 12.91 万亿元,下降 0.5%;贸易顺差 3.22 万亿元,增加 24.6%[2]。

第二,服务业与消费市场稳步复苏。 消费和服务业发展形势属于稳中有进,成为拉动经济增长的重要动力(见图 2)。国家统计局统计结果显示,2020 年 11 月,全国服务业生产指数同比增长 8.0%,比 10 月份上升 0.6 个百分点。

---

[1]《全世界的投资者都在前往中国,包括美国投资者》,俄罗斯自由媒体网,2020.11.23.
[2] 数据来源:海关总署

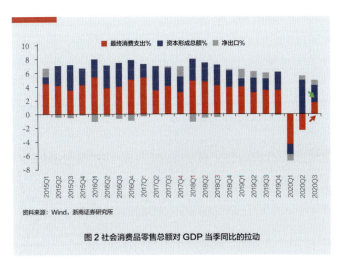

图2 社会消费品零售总额对GDP当季同比的拉动

2020年1—11月，服务业生产指数同比下降0.7%，降幅比1—10月份收窄0.9个百分点[1]。在新一代信息技术加持的基础上，部分服务业服务效率明显提升，并未出现2008年服务业全面沦陷的情形。信息技术与服务业的融合，极大地丰富了服务的形式，互联网、金融、物流等服务领域不断涌现新的业态模式，结合新兴的智能技术，传统服务行业与新兴服务行业向专业化服务不断整合发展成为趋势。2020年11月，社会消费品零售总额39,514亿元，同比增长5.0%，增速比上月加快0.7个百分点，其中1—11月，全国网上零售额105,374亿元，同比增长11.5%[2]。线上经济所蕴含的活力和韧性极大地带动消费行业的发展，以网络交易为杠杆，以直播、小视频等形式为场景，在《关于平台经济领域的反垄断指南（征求意见稿）》的支撑下，撬动中国内需市场潜力的释放。在10月社零消费中，交通运输、住宿等线下接触性服务业还未到达同期增长情况，未来将成为消费增长的空间来源。

第三，加速构筑现代产业发展体系。 在高质量发展目标导向下，我国将发展实体经济作为重要抓手，通过传统产业技术升级、高端制造业装备升级、新一代信息技术、生物技术、新能源、高端装备等战略性新兴产业加快发展，加快现代服务业触角的发展与延伸，在产业转型发展中实现制造业和服务业协同发展和深度融合，现代产业体系的高端化、链式化水平逐步提升。"十三五"期间，我国传统产业改造提升加快，培育形成了全球最大的智能制造系统解决方案市场，建成超过70个有影响力的工业互联网平台，连接工业设备数量达到4000万套，工业APP超过35万个[3]；在5G、人工智能等新兴技术引领下，智能制造、智能运维、人机交互、大规模个性化定制、全生命周期管理等新业态新模式不断涌现，区块链、AR/VR、数字孪生等技术应用场景不断创新；通过长效的产业发展机制拉动服务业的稳步增长的态势，激发出国内产业链供应链布局架构的潜力，在全球布局数字化总集成总承包服务、研发设计服务、专业技术服务、供应链管理服务和服务型制造等重点发展产业方向，满足扩大内需的产业发展要求。

第四，优化"效率优先，兼顾公平"的发展模式。 在市场经济领域"效率优先，兼顾公平"占据了我国经济发展的核心历程，总量思维让中国经济市场不断做大，而发展不平衡不充分问题越来越突出，制约着中国经济的高质量发展，因此，国家更加重视经济的结构性改革，将经济发展的天平的"效率"一端向"公平"一端拨正。一方面，"十三五"期间我国通过全国统一市场的建立，不断深化行政管理体制改革、财税制度改革、区划体制改革，破解全国不同地区经济发展不均衡的问题，优化配置各种资源，实现生产要素不同区域之间的自由流动。另一方面，在收入分配环节，社会贫富差距有进一步拉大的趋势，因此，要加快推进收入分配、社会福利制度改革，推进二次分配公平和缩小贫富差距。

---

①② 数据来源：国家统计局
③ 数据来源：工业和信息化部

中国发展,难在何处?

在世界百年未有之大变局下,未来我国面临的国际发展环境依然是机遇与挑战并存,面对国际市场的外部压力,外资准入、关税壁垒、非关税壁垒等外循环受阻问题将对中国对外开放市场造成冲击;在区域经济差距拉大和"宽货币"政策紧缩的情况下,内循环经济需要进一步向需求侧改革推进。

第一,全球贸易复苏障碍。 面对日益封闭的全球贸易体系和频出的发达国家贸易保护主义政策,作为发展中国家的中国在未来将面临跨境数据流动受限、知识产权保护壁垒和国有企业"走出去"困难等新问题。联合国贸发会议2020年6月发布的《2020年世界投资报告》显示,目前全球贸易和投资的政策环境正趋向于更多的干预主义、不断上升的保护主义以及从多边向区域和双边的转变①。各国恢复国内完整的产业链与供应链时,必将影响全球的产业链、价值链、供应链完整性,本国跨国企业也将受到政策带来的生产布局的不确定性。此前,我国已经面临美国加征关税等多种不利的贸易政策。历史经验证明贸易壁垒的增加将会严重破坏全球价值链体系的完整性,导致生产率和投资率下滑,疫情影响下的全球经济复苏将面临更多阻碍。

第二,区域经济差别拉大。 随着2020年前三季度城市GDP出炉,中国南方与北方头部城市的比例被拉到9:1,且2012—2019年北方经济占全国比重从42.9%快速跌落至35.4%,这意味着中国经济重心的整体南移。

改革开放之前,北方依靠丰富的自然资源和强大的重工业制造业占据着我国经济的重心,遥遥领先南方市场。随后,

---

① 全球贸易与投资复苏面临阻力,光明网,2020.06.30. https://m.sohu.com/a/404820610_162758?_trans_=010004_pcwzy。

南方依托便利的沿海外部环境和内部航运优势，一举实现经济的大变革、大繁荣。而此次经济重心南移中，同样作为沿海城市的天津掉出全国前十，这表明无论是人口增量、投资增量、科研院所、完备的第三产业发展体系建设，还是在国家经济历史性转折的重要进程中，北方城市都没有抓住发展的契机，转型的步伐过慢导致产业结构老化问题突出。

然而，区域经济发展失衡将严重影响我国内循环战略的发展，因此在全国经济均衡发展的大背景下，依靠北方完备的工业体系、输往全国的自然资源、丰富的劳动力资源，带动北方城市经济腾飞，不断缩短地区经济发展差距，实现资源的均等分配以减少区域经济差别拉大带来的不利影响。

第三，金融政策红利收紧。 2020年为应对疫情的临时性、阶段性金融举措已经逐渐退出市场，货币政策更倾向于"稳杠杆、直接融资、控风险"。随之而来的还有企业还本付息的压力，因此在社会资本减少的情况下实体经济的信用环境不容乐观。2021年金融市场需要完整的、尊重市场规律的金融改革方案以稳定和引导市场预期。从未来的货币政策方向看，控制信用投放、平滑杠杆率是大势所趋；同时，当前银行间流动性已经处于相对低位，如若持续收紧可能造成"政策悬崖"以及"快速去杠杆"，将不利于经济发展。因此，预计货币政策以及监管政策以平稳步伐推进，短期无需过度担忧收紧，中长期仍需边际宽松。

第四，科技核心竞争力待提升。 "科技创新是提高社会生产力和综合国力的战略支撑，必须摆在国家发展全局的核心位置。"大数据、人工智能、云计算、物联网、5G与新基建的蓬勃发展带动了新一轮科技革命和产业变革，产业与科技的融合步伐加快，正在引发国际产业分工重大调整，重塑世界竞争格局、改变国家力量对比。以断供华为芯片为代表的逆全球化和"去中国化"现象给我国核心科技安全带来了严峻挑战，为摆脱科技壁垒的限制，切实提升创新策源能力，要在重大科技研究中探索基础研究和应用研究的内在关系，提升自主研发能力。未来我国亟须通过技术创新与产业变革实现国际竞争力的提升，全力攻破"卡脖子"技术，围绕核心技术研发自主产品、拓展新市场，从而掌握在国际发展中的自主权，以积极应对国际上日益严峻的外部发展冲击。

2021年，中国如何发展？

短期内中国经济稳中向好的局面不会改变，宏观经济政策或将继续保持稳定，不会有重大变化。未来一段时间内，中国需打造国内大循环的中心节点、国内国际双循环的战略链接，抓住扩大内需的历史机遇，通过改革创新促进经济贸易便利化发展，着力打通生产、分配、流通、消费等各个环节，实现经济的高质量发展。

推动我国从旧的国际－国内循环模式转向新的国内－国际循环模式，以满足国内需求为出发点和落脚点，以国际大循环为补充和支持，实现更深、更广、更高的对外开放，建设更为开放的经济新体制，共享全球经济高质量发展的红利。

打通科技强国的全流程创新链条，以科技为核心全方位提升产业发展水平，通过传统产业与新技术、新模式、新业态的融合发展，以科学研究和原创思想为基点、以技术研发和技术应用研发为转介、以产业化和市场化生产应用为出口，引领市场新需求、利用科技创新缔造新动能，构建全球经济发展新格局。

经贸协作：拓展多边合作机制。 化解全球贸易体系日益封闭的风险，最重要的是发挥WTO协议的作用。经过20多年的发展，WTO规则已经不能适应日新月异的国际社会发展趋势。为防止WTO职能被削弱和边缘化的危机，中国要积极参与修订WTO规则，为世界合作伙伴创造新的贸易发展机遇。抓住全球化和区域化带来的全方位开放发展新机遇，在推动RCEP落实的基础上，促进中欧BIT、中日韩FTA等区域经济谈判落地，以持续优化的国内营商环境，对接国际经济循环与区域经济。锻造国内大循环产业链的韧性，建立自主可控、持续互补的供应链体系，通过进一步畅通国内大循环，以此反哺国际供应体系优化，形成国内国际双循环相互促进的新发展格局。

政策改革：财政政策保持稳定。随着中国经济受疫情的影响越来越弱，财政政策将向更加注重防范市场风险的方向转变，并逐步回归常态。但这个过程并不是一蹴而就的，要引导经济社会平稳发展和有序恢复，同时坚定不移地全面深化改革开放。2021年财政政策重点通过结构性调控，以扩大内需为战略点，推动财政资金向新基建、新兴产业和民生等领域流入，该领域减税降费政策仍需继续保持。下一步要完善货币供应调控机制，把好货币供应总闸门，根据宏观形势和市场需要，科学把握货币政策操作的力度、节奏和重点，保持流动性合理充裕，保持广义货币供应量和社会融资规模增速同反映潜在产出的名义国内生产总值增速基本匹配[1]。探讨建立现代财税金融体制，通过市场化、法治化、国际化的方式，不断完善中央与地方财税体制，实现地方政府的权责匹配，为社会提供更加优质的公共服务以实现国家治理体系现代化。

经济维稳：防范金融债务风险。切实增强机遇意识和风险意识，防范不良资产集中暴露、债务违约风险高发等金融问题出现。加快推进金融业供给侧改革，通过提高投融资的便利性，实现对实体经济、科创企业和中小企业的资金可获得性，强化财政、金融、就业、产业政策协同配合，从而降低企业的投融资成本；在国家金控新规的引领下，合理有序地实现金融机构监管，严格防止"影子银行"引发的系统性金融风险，使金融机构充分发挥服务市场经济主体的职能；不断提高资本市场的透明度，通过完善理财、信托、基金、保险等相关市场制度改革，实现资本市场的稳定发展；以"科技+金融"为切入点改革投融资体系，为"双循环"创新发展提供有效的资金支持[2]，支持创新产业和产业链升级，满足市场的金融需求。

产业升级：核心技术品牌重塑。在高新技术领域实现新一轮的产业变革，以数字经济为契机，实现制造强国、质量强国、网络强国、数字中国，通过科技核心技术的自主掌控，提高经济质量效益和核心竞争力。强化"高端、数字、融合、集群、品牌"的产业发展方针，加强创新和产业协同发展，增强产业链供应链锻长板、补短板能力，努力掌握产业链核心环节、高端环节的核心和关键技术，占据价值链高端地位。以科技创新引领重塑品牌，实现更加现代化、人格化的国产品牌再造，通过健全质量治理体系，实现品牌升级。通过产业上下游协作平台链接全国科技创新资源，带动中西部和东北地区产业数字化转型发展，推动区域经济发展平衡。

民生工程：引导分配实现公平。新发展时期，经济发展不再单纯地只关注GDP增长速度，特别是在深化要素市场化改革后，随着"六稳""六保"工作成效显现，社会公平和分配公平的落实都得以有序推进。在经济发展领域，要加强财政、货币、就业、产业、区域等政策的协调配合，尤其是加强政府对社会保障性资源的公平分配，例如，加快调整国民收入分配相关政策措施落地，着力解决收入分配差距较大问题，使发展成果更多、更公平地惠及全体人民。

---

[1] 中国人民银行：《2020年第三季度中国货币政策执行报告》，2020.11.26.
[2] 鲁政委：稳中求变，支持"双循环"发展——2021年金融监管展望，中国首席经济学家论坛。2020.12.16. https://m.21jingji.com/article/20201216/herald/bdc37825243ada1a2c0b4cfe300bd18c.html。

▶ 本文仅代表作者个人观点，编辑：潘琦。

复旦大学泛海国际金融学院
FMBA金融工商管理硕士

传道授业金融学识之际
助力成就金融人生之巅

2022级 FMBA热招中！

FMBA FT+
全日制金融MBA（英文）

立即申请

申请咨询：喻老师
T: (021) 6389-5599
E: ftmba_fisf@fudan.edu.cn
W: fisf.fudan.edu.cn/fmba-ft

FMBA PT+
非全日制金融MBA（中文）

申请咨询：周老师
T: (021) 6389-5578
E: mba_fisf@fudan.edu.cn
W: fisf.fudan.edu.cn/fmba-pt

立即申请

CONVERSATION

对 话

求解中国收入和财产分配

——魏尚进对话李实、甘犁

中国收入分配格局已有积弊,新冠肺炎疫情的冲击又带来了新的挑战,如何推进机会均等、扩大中等收入群体规模、保障低收入群体生活等亟待破题,这关乎收入分配,更关乎社会的长远发展。

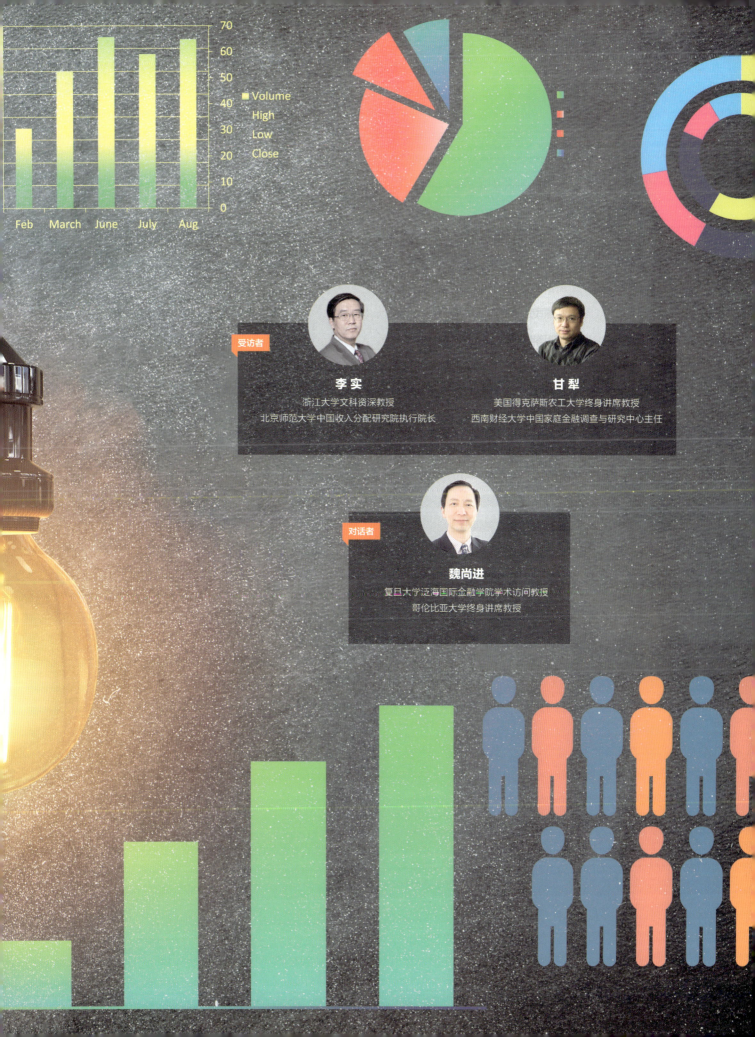

浙江大学文科资深教授、北京师范大学中国收入分配研究院执行院长李实和美国得克萨斯农工大学终身讲席教授、西南财经大学中国家庭金融调查与研究中心主任甘犁，与《复旦金融评论》主编、哥伦比亚大学终身讲席教授魏尚进，共话"中国收入和财产分配"。

李实教授首先对于中国收入分配的当下挑战和未来展望做了全面的阐释。中国收入分配格局当前面临许多严峻的挑战，如居民劳动收入份额偏低、城乡二元体系难以一体化、部分垄断行业的"畸形"高收入持续存在。推进乡村振兴、户籍制度改革、公共服务均等化等有利于缩小收入差距，但收入流动性和代际流动性的降低、新技术带来的就业极化、利益集团的形成等因素则可能阻碍这一进程。未来十年是中国经济社会发展的重要时期，在全社会对于收入分配问题形成共识的基础之上，如果能及时出台更有效的收入分配政策，深入推进收入分配制度改革，那么中国跨越中等收入陷阱，进入高收入国家行列就指日可待。

甘犁教授则从微观角度为我们分析了近年的情况。西南财经大学中国家庭金融调查与研究中心开展的新冠肺炎疫情专项调查数据显示，2020年中国各阶层的收入预期都大幅下降，且各阶层之间的预期收入差距加大。这直接导致了2020年不容乐观的消费增长状况：居民收入的滑坡、低收入阶层面临的流动性约束、高收入阶层预防性储蓄的增加等因素共同作用于国民消费的保守趋势。从供给侧来看，随着时间的推移，小微企业面临的困难逐渐从供给端转向需求端。同时，"国内经济大循环"受阻于"订单不足+收入下降"的恶性小循环。政府亟须出台大规模一次性现金补贴政策，尤其是对于低收入人群的精准贴补。新冠肺炎疫情发生后，我国应该实施激励相容的收入分配改革政策来支撑今后的长远经济发展。

基于中国整体收入分配格局特征和当下新冠肺炎疫情的冲击，我们如何通过政策干预促进机会均等、保障和扶持低收入群体？如何扩大中等收入群体？新兴的数字经济如何影响收入分配？关于这些问题，李实、甘犁两位教授和魏尚进教授将进一步展开深度对话。

从"结果均等"到"机会均等"

魏尚进: 在考虑收入分配这一主题时,我们通常也会关注机会均等。在制定分配和再分配政策的时候,应该怎样更好地达成机会均等的目标?

李实: 我们应该强调机会均等,机会不均等会进一步加剧结果不均等。但机会均等是与一定的现实条件相关的,我们在现实条件下推行促进机会均等的机制与政策,应该充分考虑现实条件的差异性。而且,我们不应该过度强调机会均等,因为结果不均等很大程度上会影响到机会均等的实现。比如,当下的高考制度被认为是机会均等的最好范例,考生们站在同一起跑线上,拥有参加高考的同等权利,面对相同的考试题目和评分标准,最终的分数结果是有可比性的:谁的分数高,谁就可以上好大学。可是我们也注意到在过去的几十年中,农村和边远地区的孩子能够上好大学的机会越来越少。虽然高考看上去是一个机会均等的制度,但很多农村孩子在参加高考前实际上并没有享受到均等的公共教育资源,已经受到了机会不均等的影响,也就是说,在现有国情下,很难让所有人都获得绝对均等的机会。因此,我们一方面要强调机会均等,另一方面要努力减少结果不均等对于机会均等造成的不利影响。我们的政策应该双管齐下,在坚持机会均等的同时改善低收入人群的家庭环境、社区环境,推动区域平衡发展等。

魏尚进：要更好地实现机会均等是否还有两方面因素需要关注？第一是关注户籍制度改革，这是促进农村与城市、小城市与大城市之间机会均等的一个可行的政策方向；第二是关注教育发展，很多研究表明，通过教育可以改善人们在收入与财富积累中的分配地位，所以要关注贫困地区低收入人群教育机会的改善。2019年诺贝尔经济学奖的三位获得者强调了（在收入分配政策方面的）有条件的补贴。他们的研究表明，进行有条件转移支付的具体条件要结合当地的情况。比如在南亚，如何提高学校老师的出勤率就是政策要努力的一个方向。而在中国，这相对来说不是一个重要的制约因素。此外，非洲、南亚的许多父母对教育不太重视，所以政府需要构思更多的政策来提升家长对孩子教育的重视程度。相比之下，中国的父母即使自身教育水平不高，也会让孩子尽量多读书，因为教育可以改变他们的生活。所以，我们在地区之间进行转移支付的时候是否也要考虑这些具体条件的差异？

甘犁：从2015年开始，我们在四川马边彝族自治县做了一些干预实验，我们当时认为问题在于贫困家庭的孩子缺乏学习的动力，他们去上学的主要原因是学校提供营养午餐。于是我们做了一项干预实验，看看给他们一些奖励会产生什么效果，比如，学生完成作业就会有奖励。通过这种干预，我们发现一个排名在后20%的学生，语文成绩提升了0.14的标准差，这相当于在100名学生之中排名提高了3名。所以，如果条件设置得合理，确实会对教育结果带来一些改变。

魏尚进：中国还有一个情况也需要政策干预，尤其是在中国农村的低收入家庭中，父母对男孩和女孩的教育重视程度有区别。如果一个家庭无法同时供养两个孩子完成高中学业，就会选择牺牲女儿受教育的权利。与二十年前比这种现象可能略有改善，但依然存在。所以在我们的政策干预里，是不是也要特别关注提高父母重视女孩教育的激励机制？

李实：现在这种情况有很大改善。在大部分的农村地区，无论男孩女孩基本上都能够接受教育，父母还是希望孩子能上更好的学校。从这个角度看，女孩的家庭地位大幅度提高了，今天和十年、二十年前相比有很大的改善。这种情况也反映在大学生的性别比中，现在大学生中女生占比不断提高，大有超过男生的趋势。

魏尚进：恰恰是因为过去重男轻女造成男多女少，女孩相对稀缺，这种情况才逐渐得到了改善，但这种改善并不完全。农村女孩的初中毕业比较普及，但还是会有很多父母不会让女孩读到高中毕业，而男孩的高中毕业相对更加普及。而且在人口普查中，虽然新生儿的性别失衡情况得到了改善，但依然没有完全纠正。跨国研究表明，女孩的教育水平和母亲的教育水平高度相关，母亲重视教育会给孩子带来积极的长期影响。现在的女孩都是未来的母亲，重视未来母亲的教育对于提升整体社会教育水平，促进机会均等来说大有裨益。所以在双重意义上重视女孩的教育非常重要，这关乎机会均等本身，也关于社会的长远未来。

以公共服务弥合数字机会不平等

魏尚进： 此次新冠肺炎疫情中，数字经济在世界范围内发挥着双重作用。一方面，数字经济的出现是导致收入分配、财富分配更加不均衡的一个重要因素。比如在许多发展中国家，一些贫穷的家庭无法开展线上教育，而相对富裕的家庭受疫情的影响很小，他们可以通过网络获得高质量的课程。

另一方面，数字经济在一定程度上可以缩小财富分配差距，为教育平等创造机会。在中国，疫情期间有各种各样的网课，很多地方政府及民间团队通过在线教育的方式，为农村的孩子们提供教育的机会。比如，农村的孩子通过在线教学可以接受北京最好的教育，农村的老师可以观摩北京最好的教学方式。所以，我们应该如何定义数字经济的双重性？我们怎样才能更好地发挥数字经济的特性并与分配政策结合？

甘犁： 一方面，确实有一些优秀的教育资源通过网络被引进到贫困地区，让贫困地区的教育得到了更好的改善。另一方面，数字经济也确实有可能会加大收入差距。当前数字经济的核心终端是智能手机。目前，智能手机在全国范围内的渗透率达到74%，尚未拥有智能手机的比率在农村是39%，在城市只有15%。低收入群体之中，有59%的人没有智能手机，他们很多是老年人和低收入、低学历的人。所以比起对修路等传统基建的投入，我们更要重视智能手机的基础建设，让广大民众能真正享受数字经济的红利。这项举措不需要巨额的花费，也可以通过开展相关教育来实施。

当前，全球化浪潮遇到了很多反弹，一个主要的原因是全球化缺乏包容性，把蛋糕做大了，却没有做好蛋糕的分配。我们应该充分重视下一轮的数字经济革命，提倡包容性，涵盖社会整体，协调全局增长速度，避免因部分不均衡造成的反弹。

李实： 数字技术本身是中性的，但使用数字技术的方式则因人而异而带来不同的结果。

城市人之于农村人，富裕人群之于贫穷人群，前者总是更容易接触到先进科技。不同人群获得数字技术机会差异性的决定机制是什么呢？一方面是家庭环境，另一方面是个人能享受公共服务的程度。也就是说，不同家庭条件的孩子在数字技术的使用上有明显差距，这是机会不均等的表现。这将会进一步导致个体之间在认知能力、人力资本等方面的差异。所以通过公共服务去缩小不同人群使用数字技术的机会差异是很重要的。我们不能只着眼于技术本身，还要去分析它的影响以及背后的相关因素。

以二次分配扩大中等收入群体

魏尚进： 2020年两会期间，李克强总理指出我国约有6亿人口月均收入为1000元，引发了广泛热议。那么，我国的中等收入群体能够扩大到什么程度？假如中国的收入分配格局能呈现出一个橄榄型的格局，这对中国经济社会的发展有什么意义？

李实： 形成橄榄型（收入分配）社会的重点在于扩大中等收入群体规模，这同时也取决于对中等收入群体的定义。国家统计局的标准是：一个标准家庭的年收入在10万~50万元之间则为中等收入群体。按照这种标准，全国14亿人口中大概有5亿人左右的中等和高收入人群，其中高收入人群不足1亿人，中等收入群体规模大约4亿，占整体人口比例不足40%。在这种情况下，扩大中等收入群体规模的一个办法就是促进潜在的中等收入人群——即现在的一部分低收入人群转变为实际的中等收入群体。我们有9亿低收入者，他们中每年约有一定比例的人群进入到中等收入群体。经过10年左右的时间，有2亿低收入者转变为中等收入群体，会形成6亿人的中等收入群体。只要我国能保持较高的经济增速来支撑低收入人群的收入增长（超过社会平均增长速度），到2035年中等收入群体的规模可以达到50%左右。

魏尚进： 怎样使中国的中等收入群体更快地增长？

甘犁： 我认为政府没有必要干预市场，政府真正应该做的事是改良二次分配的政策。2018年、2019年的减税政策对于扩大中等收入人群的作用不大，因为它对中低收入人群的关注度不够，导致他们未能享受到减税红利，而真正的受益者是已有的中高收入及高收入人群。

另外，想要真正推进收入分配变革，一个不得不关注的概念就是"负所得税"。这在全球并不是一个新鲜的概念，美国将近一半的人所得税为负，即从政府获得的转移支付补贴超过了上缴的税收。国家要改良二次分配政策，实施继续减税扩大中等收入群体规模、补贴低收入人群等措施。这同时也有益于推动中国的消费增长，摆脱对投资、基建和外贸的严重依赖，真正实现内部的大循环。

低收入人群保障需要灵活且及时

魏尚进： 中国和其他国家相比具有较高的储蓄率，这主要是中、高收入家庭的贡献。数据表明许多低收入家庭其实并没有多少银行储蓄，收入基本只能涵盖基础消费需求。一旦家庭面临疾病和各类天灾人祸的冲击，没有储蓄抵御的话，其抗风险能力就非常弱。从这个意义上来说，低储蓄率的家庭和人群也需要政策特别关注。如何去帮助这些低收入家庭提高抗风险能力，这方面是否也有可以探索的空间？

李实： 一方面要增加低收入人群的储蓄率，另一方面要在一定程度上提高他们的收入，这样他们才有更强的抗风险能力。只依靠低收入人群自身的努力来增加储蓄率效果甚微，一部分低收入人群不是不愿意储蓄，而是没钱储蓄，还有一些低收入人群还是不得不进行储蓄，为了防范未来风险。在这个意义上，公共政策仍有很多探索空间，例如，如果我们的养老公共服务能够提供更高的待遇或者更好

的保障，很多低收入人群就不需要自己存钱养老了。还有一部分低收入人群储蓄的目的在于对未来的医疗需求。如果想要降低他们储蓄率，关键在于要消除公共服务不足带来的未来不确定的影响。

甘犁：我同意李实教授的观点，预防未来风险是储蓄的重要因素，但是就目前而言，这应该不是最重要的原因。在过去的十年、十五年中，中国的公共服务体系（养老、医保等）大幅改善，现在几乎是应保尽保。可是在保障程度提升以后，我们的储蓄率并没有降低，在过去十年实际上不降反升。这其中可能有包括男女比例失衡等很多原因。我这里所说的消费不足与收入差距有关，也和转移支付不足有关。所以我们要把对低收入人群和中等收入人群的帮扶与经济增长放在一起考虑。我国政府要坚持对中低收入群体实施大规模转移支付，通过补贴分享经济增长的红利。这对促进中国经济增长，降低收入差距，刺激消费、降低储蓄率都有良好的作用。

魏尚进：我们在构思怎样更好地帮助低收入家庭时有各种政策选项可以考虑。例如，可以直接给一些家庭无条件的收入补贴；也有一些城市推出了消费券的形式，由政府来补贴消费。在各种尝试里，哪种做法是最贴合中国国情的？有没有一些地方政府的做法值得在全国推广？

甘犁：杭州是最先推出消费券的城市，一些评估认为其发行的消费券可以使消费有好几倍的增长。我认为在短期内消费券也许作用会较大，在长期则不太可能。但在中国，"消费券"这一概念的普及更具有意义。此前只有杭州在2008年做过消费券的尝试，之后并没有其他城市接续而上。现在地方政府愿意拿出来一些真金白银和商家联合起来发行消费券代表着一个巨大的观念转变。

李实：我们首先要认识到这次疫情对于中国的影响是短期的。应对短期外部冲击的最好办法还是社会救济制度。要让低保更具灵活性，包括失业保险等其他保障制度。当前，一些地方实施的依然是常规的社会保障措施，没有考虑到突发事件所带来的影响。如果我们的低保制度能够做到每个月甚至是每周对困难群众进行评估和识别，然后把这种制度向全社会推广，就能及时有效地应对外部冲击；在人们收入低于救济标准时，可以马上去民政系统申报，那么困难人群就能很快得到及时的救助。因此，只要能够使制度更好地与现实融合和对接，那么它将比发放消费券更有效果。从这个意义上说，这次疫情给了我们一个启示：社会治理究竟应该是什么样的？能不能适应类似的突发事件？有了这次的教训，我们应当对社会治理作出相应的调整，使其更加灵活有效，增强应对突发事件冲击的防御能力。

▶ 本文根据"复旦金融公开课"上的演讲综合整理，经作者授权发布，编辑：张静、何世怡。

复旦大学泛海国际金融学院
高层管理教育

《金融高级工商管理领袖营》春季班

严选金融 EMBA 核心课,实战淬炼商业领袖

- 严选 EMBA 精华课程:院长领衔,倾力打造高管教育典范课程
- 短时高效:聚焦实战前沿,6 个月塑造金融思维
- 资源平台:复旦校友身份,保持终身学习

《大国重医—新医代掌门人金萃领导力课程》

融聚顶级医疗圈,跃升金融领导力

- 顶级医盟,五维领导力智胜未来
- 金融赋能医疗,多维搭建新医代
- 医疗投资路演,发掘投资新机会

《高净值财富规划全球税务实战营》

直接提升高净值客户税后综合收益

- 国内首个覆盖中、美、加、澳、新的离岸税务解析课程
- 税筹+保险行业大咖,20 年实操经验倾囊相授
- 获得复旦校友身份,参与讲座沙龙等活动,保持终身学习

企业专题定制课程

以企业需求为导向,依托我院顶级金融教育资源,为企业量身定制最具针对性的课程体系

- 加强企业管理者金融理论与实践能力
- 提升公司业绩和竞争优势

时间定制
可以是短时间连续授课;也可以是跨年度项目,根据不同的学习目的而设定

内容定制
可以是最新的金融热点,也可以是企业金融战略或者高层管理胜任能力各方面,根据不同的学习方向而设定

教授定制
可以是商学院顶级专业教授;也可以是来自行业的业界领袖,根据不同的客户需要而设定

运营定制
可以是常规项目的标准运营流程,也可以是个性化的学习体验,根据不同的客户需求而设定

- 官方网址:https://fisf.fudan.edu.cn/ee
- 咨询电话:021-6389 5550 / 021-6389 5539
- 邮　　箱:ee_fisf@fudan.edu.cn
- 地　　址:上海市黄浦区西藏中路 18 号(复旦大学泛海国际金融学院黄浦校区)
  上海市杨浦区邯郸路 220 号(复旦大学泛海国际金融学院杨浦校区)

— 扫码咨询课程详情 —

RESEARCH FRONTIER

前沿

区块链技术助推金融可持续发展

2020年是大变革和大动荡的一年，但同时也为数字化和可持续金融协同融合注入了动力。

张纯信
复旦大学泛海国际金融学院学术副院长
金融科技研究中心主任、金融学教授

宋思齐
复旦大学泛海国际金融学院金融学实践副教授
金融科技研究中心创始联席主任

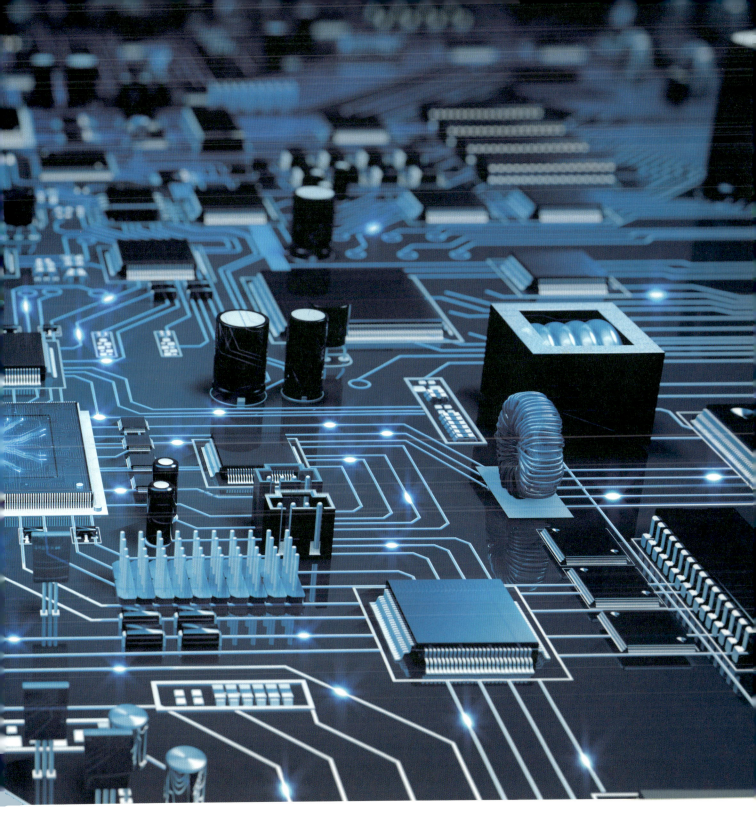

王振华
复旦大学泛海国际金融学院
金融科技研究中心副主任、资深研究员

齐超颖
复旦大学泛海国际金融学院
金融科技研究中心高级助理研究员

股票上市的区块链替代方案

2020年11月26日，瑞士数字资产银行Sygnum宣布了一项"端到端通证化解决方案"。这是一种基于区块链的股票上市替代方案，包括一级市场发行平台Desygnate和二级市场交易场所SygnEx。

Sygnum是一家数字资产融资公司，植根于瑞士和新加坡两大金融中心，现已成长为第一家拥有瑞士银行牌照和新加坡资产管理牌照的专业数字资产机构。Sygnum官方表示，该解决方案采用分布式账本技术，旨在为发行者提供筹资、增加流动性、转移所有权和管理公司行为的途径。它还将帮助投资者接触到通证化资产，目标市场是风险资本、"中等市值"公司、房地产、艺术品和收藏品。

首先，在此宗旨下，得益于区块链技术的强大驱动作用，该解决方案能够绕开上市过程中的"繁文缛节"，从而以较低的成本帮助企业筹集资金。这也间接地为资本市场参与者开辟了新的商机。

其次，该方案使更多的投资者接触到通证化资产。通证化的加持使得很多从前只有大型机构才能参与的投资项目成为某些中小企业、初创公司甚至个人投资者都可以参与的投资，这也符合联合国在其可持续发展目标（SDGs）中多次提到的"普惠金融"（inclusive finance）理念。因为，中小企业和初创公司通过发行证券通证能够有效扩张投资网络，吸引到更多投资者。由于交易是在区块链平台上进行，交易的安全得到了保障。

再次，很多对于可持续发展至关重要的项目，比如环保、交通、水利、电力等，虽然长期优势较多，但初期投资大、成本高甚至在短时间内赔钱，常与投资人的期望相反，导致融资方无法找到投资人。但通证化能够帮助这些项目加入产业生态链，使得融资方和投资人共同获益，成为利益共同体——因为想要长期受益，所以愿意短期投资。

最后，该方案的目标市场是传统资本市场的替代方案，即另类投资市场。在运行时，Sygnum要求进行即时结算，并通过其与瑞士法郎挂钩的稳定币——Digital CHF（DCHF）提供支持的平台来降低交易对手风险。

除了为投资者带来收益，数字资产的价值还在于能够突破金融行业的现有瓶颈并创造出新的商机。Sygnum的解决方案依托区块链的技术优势，驱动了业务创新，提供了可靠资讯，增强了分析能力，同时也保障了交易安全。金融科技的应用让投资者的权益得到保护，也让整个金融生态得以良好维护。

区块链赋能知识产权保护

中国持续维持区块链技术领先的同时也逐渐展开新的应用场景，包括各类数字资产的研发和尝试。其中，云南和海南率先开放数字资产交易所的发展。数字资产的底层资产包括各类房地产（如写字楼、商场、停车场）、艺术品等大型不动产，而加密债券产品更覆盖了各类稳定收入的数字证券化

（如租赁合约、房租、电力收入等稳定现金流）。值得一提的是，数字资产的覆盖面也逐渐开始涉及智慧与知识财产等无形资产。

知识产权（Intellectual Property，IP）的保护是创作的必备条件，而保护IP是创新创业的根本保障。IP涉及方方面面的知识产出，包括专利、品牌商标、文化娱乐产品版权、肖像与作品权以及互联网行业所产生的"网红"个人IP。以文化娱乐产业为例，过去5年人均可支配收入保持每年8.8%的速度增长，而教育、文化和娱乐的消费支出更是以每年9.7%的速度增长。当然，这些行业的发展以IP为核心，创作人的合法权益若得不到保障，整个行业都难以生存发展。

此外，至2020年中国版权授权商品的价值已逼近900亿元，且以近15%的年增长率继续发展。互联网之流量红利时代慢慢退潮的同时，新的商业心态、消费习惯及运营模式将需要新的商业模式，而2020年"双十一"期间，李佳琦直播间总计完成880万笔订单，薇娅直播间订单量则是454万单，两者累计成交总额近80亿元，短短几天产生了许多企业甚至于上市公司羡慕的年营收。但如果IP得不到保障，创作人则无法持续驱动商业模式。

这一庞大的个人IP应与其他资产相当，能算为企业资产，作为资产抵押和融资的根据，以及财富流动性的源泉。区块链技术能将此产权明确化、透明化、自动化，且经由数据共享、智慧化管理与数据安全措施降低投资风险。所有应用有清楚的记录可溯源，可实现高度合规合法的IP使用，而且因为大部分收入产生于互联网销售与交易，几乎100%支付清算作业由第三方支付公司数字交割，高度结构化的数据使相关数据管理变得相对单纯、可靠。

同时，这些"个人企业"属于融资死角，吴晓波、罗永浩等以个人IP为核心品牌的企业陆续申请上市，但均被驳回，说明现有上市制度并不适合这类个人色彩较重的公司。区块链所提供的透明度和可靠性将提高IP的可交易性，知识产权不只是企业的无形资产，其本身就是价值的根据。它将受到透明公开的多方认证与核实，每一次视频的播放、每一次肖像的使用、每一笔收到的打赏或销售行为均一一经区块链认证、记录、共享，以保证所有参与者及投资人的权益。如此一来，每笔IP所产生的收入将能够清楚地记录和分析，经预测和价值评估，提供给市场一个有根据的可投资产品，也让IP创作者有一个合理的融资渠道，得到合理的市场化报酬。从而在多方保障的环境下形成良性循环，实现生态系统化发展。

中国推动全球数字绿色债券市场形成

我们在以下四个方面展望未来一年。第一，数字债券在资本市场的重要作用；第二，中国数字资产的监管；第三，绿色债券市场的全球规模；第四，中国对可持续发展的重视和领导作用。

数字化债券将通过提供获取全球资本的渠道来释放流动性，而债券分馏化将通过允许债券被分割成任意小的投资规模来增强与另类投资者类别的联系。区块链技术将进一步简化发行人、承销商和投资者在首次发行和资产服务方面的多方协调和合规工作。由此，结算效率更高，支付方式更灵活，运营和交易成本比使用传统平台低90%。借助大数据/人工智能技术，智能合约可以实现债券发行全生命周期的自动化管理，并强制执行从发行到资产服务的合规工作，从而降低风险并监控活动。

首批发行的数字债券包括了大型食品和农业企业奥兰国际（Olam International）发行的亚洲首个银团数字公开公司债券，规模达4亿新元。最近的这次发行是在2020年9月与新加坡证券交易所、汇丰银行和淡马锡共同完成的。与此同时，中国正迅速准备规模部署世界上首批央行数字货币。随着上市的房地产信托投资基金（REITs）市场开放，中国最终将出台数字资产监管，尤其是资产支持证券监管。

2019年，全球发行了价值约2650亿美元的绿色债券。由于新冠肺炎疫情，尽管发行的速度有所减缓，但2020年新发行的绿色债券总额有望达到3500亿美元。根据气候债券倡议组织（CBI），与气候变化相关的债券市场总额估计为100万亿美元。社会债券（或社会责任投资SRI）服务于各种各样的社会需求，也是一个正在迅速发展的市场。2019年发行的社会债券只有200亿美元，但截至2020年10月，这一市场已经跃升至1050亿美元。在联合国2019年9月推出的《负责任银行原则》指引下，这些可持续发展债券应该会继续获得动力，130家管理资产合计达47万亿美元的金融机构（包括摩根大通、贝莱德和占全球三分之一的银行业）已公开承诺致力于可持续性和气候行动。

绿色债券由一些替代性准则进行评级，但这些准则是自愿的，市场上存在"漂绿"问题，即债券被贴上绿色标签，但实际上由于缺乏执行力，资金最终没有用于绿色认证项目。区块链数字化代表了一项关键的赋能创新，能够提供关键的ESG[①]跟踪，以释放全球流动性。

在中国，区块链已成为国家优先考虑的项目，基于区块链的服务网络（BSN）等备受瞩目的举措，提供了区块链的互操作性，推动了大规模的企业采用。此外，中国还在2020年9月的联合国大会上宣布计划在2060年实现碳中和，将发行绿色债券作为核心发展目标。事实上，自2015年以来，中国一直是世界上最大的绿色债券发行国。据《南华早报》报道，2019年中国发行了590亿美元的人民币计价债券。虽然只有大约一半的发行符合国际绿色债券标准，但中国有机会应用区块链技术，以确保国际投资界的合规需求，成为第一个将数字绿色债券功能化，以服务于全球市场的国家。

这些初步举措将符合中国的一项长期战略，即最终扩大全球其他经济体在全球范围内受监管数字资产和绿色债券的发行规模。2020年是大变革和大动荡的一年，但同时也为数字化和可持续金融协同融合注入了动力。期待中国带头开辟一条可持续发展的道路，为世界其他国家提供借鉴，为人类带来积极影响。

---

① ESG是一种关注企业环境、社会和公司治理（Environment, Social Responsibility and Governance）的投资理念。

私募股权数字市场："独角兽"的资金池

长期以来，IPO一直是私人独角兽公司退出并获得流动性的首选方式。美国企业服务数据库公司Crunchbase的数据显示，过去五年中，三分之二的独角兽公司选择通过IPO退出。截至2020年6月，全球有记录的独角兽公司共有601家，退出市场需要增长2.5倍，才能满足这些私营公司目前2万亿美元的估值。然而，近年来，民营企业选择延长私有化时间。研究显示（Ritter，2020），1995—2000年（网络泡沫之前），科技公司IPO的平均年龄是6岁，2000—2007年（全球金融危机之前）是8岁，2011年—2019年（全球金融危机之后）则超过10岁。

虽然IPO显然有好处，但它也有很多不利之处，比如失去管理控制权、来自股东的短期绩效压力，以及越来越多的监管和合规要求。IPO过程涉及很多中介，因此会产生大量的费用和支出。在过去的几年里，非交易的一级市场和上市的二级市场之间出现了一个新的市场，一些人称之为"1.5级市场"，即在数字平台上通过电子方式进行私人证券交易的市场。在美国证券交易委员会（SEC）或世界其他地方，这些市场被认定为"另类交易系统"，它们促进了私人公司的交易，产生了退出机会和流动性，同时避免了监管部门的审批和与IPO相关的成本。

其中，Forge Global和SharesPost于2020年5月12日宣布合并，创建了世界上最大的私募证券市场之一，并通过连接投资者和私人公司的投资机会来满足高增长独角兽公司及其员工的需求。Forge Global同意以1.6亿美元的现金和股票进行交易，合并后的公司将以Forge Global的名义运营，该公司拥有超过100万客户和320家私营公司的数据。Forge Global公司的首席执行官Kelly Rodriques将继续担任合并后实体的首席执行官，而Sharespost的首席执行官Greg Brogger将作为Forge董事会成员参与决策。参与该交易的积极投资者包括LUN Partners Group，其首席执行官Peilun Li将加入合并后公司的董事会，协助公司拓展中国市场。

合并后的公司将能够提供更好的数据、信息、研究和估值工具，以提供一个更加透明和高效的市场。获得上市前融资将使私人独角兽公司保持更长时间的私有，甚至可能是无限期的私有，使创始人能够执行长期的战略发展计划，而不被融资需求或公众股东带来的日益严格的审查和投资者关系管理开销所分心。

通过采用区块链技术可以进一步提高透明度和效率。共享的、经过第三方验证的信息可以在一个大大改善的信息环境中把投资者和公司联系起来，对各方来说风险更低。同样，由全自动智能系统产生的运营效率将大幅降低信息共享和交易的成本，使这个市场不仅面向民营独角兽企业，也面向中小企业和其他大量数字资产。1.5级市场将成为所有形式的融资渠道，包括股权、债务、公司贷款、期权和其他工具，所有这些工具都可以以任意小的单位规模进行交易，同时由智能合同进行管理和自动化。这些新市场将实现安全、透明和高效的交易，同时提供流动性、进入高增长科技公司的渠道，以及高水平的金融包容性。

▶ 本文仅代表作者个人观点，编辑：张静。

数字贸易开放度之争

——基于欧洲国际政治经济中心《数字贸易限制指数》

对于数字贸易开放度的评估,发达国家与发展中国家莫衷一是。

邬展霞
上海对外经贸大学会计学院教授
华夏经济发展研究院专家

数字经济是全球经济发展的重要引擎，数字贸易已成为国际贸易的新业态。联合国发布的《数字经济报告2019》[1]估计，2018年可数字化交付服务出口达到2.9万亿美元，占全球服务出口的50%。

然而，数字贸易的全球规则尚待建立。联合国报告呼吁，数字经济时代需要迫切更新的是市场竞争规则和税收政策。2019年，世界贸易组织（WTO）开启电子商务多边协议谈判，希望籍此推进数字贸易的全球共识。

传统的产业研究通常采用服务业的进口数据或外商直接投资数据来衡量开放度，采用服务业出口数据（有时也结合进口数据）来衡量国际竞争力。但是，这些数据都是国际收支统计口径下的服务贸易数据，并不能覆盖当今无实体存在、碎片化交易的数字贸易全部（海关总署，2018）。按照WTO《服务贸易总协定》（GATS），服务贸易包含跨境提供、境外消费、商业存在和自然人流动四种模式。而跨境数据流动的无形性与复杂性带来WTO现有贸易规则适用性的诸多冲突。

对此，欧洲国际政治经济中心（ECIPE）于2018年4月创新性发布了《数字贸易限制指数（DTRI）》报告，对全球64个国家和地区的数字贸易开放度进行了评价。数字贸易限制指数（DTRI）体系[2]主要从四个方面对数字贸易开放度进行观测：财政限制和市场准入、机构设立限制、数据限制、交易限制。从数字贸易的总体限制情况来看，在65个样本国家和地区中，中国数字贸易限制最多，开放度最低，主要体现在财政限制和市场准入和数据限制等方面。

发达国家视角下的开放标准

数字贸易限制指数（DTRI）体系中，财政限制与市场准入评分涉及三个指标：关税和贸易防御、税收和补贴、公共采购。在这三方面，中国排名第三，印度排名第一。对于数字贸易限制指数（DTRI）体系中财政限制与市场进入的主要评价在于以下三个方面：

第一，中国被评估为零关税覆盖率低和反倾销税高的国家。

欧洲国际政治经济中心（ECIPE）评估中认为中国零关税覆盖率不够高（挪威、新加坡等国家已对数字产品实行完全零关税）。为进一步"实现信息技术产品在世界贸易的最大自由度"，"鼓励信息技术行业在全球范围内的持续发展"，以及"提高信息技术产品在市场上的准入机会"，WTO在关税及贸易总协定（GATT）基础上又设置了关税削减机制《信息技术协定》（ITA）。根据加入WTO的承诺，中国自2005年1月1日起，已对256个税目的信息技术产品全部实行了零关税；2015年中美日韩等24个世贸组织成员就ITA达成协议后，按照最惠国待遇原则，已先后于2016年9月、2017年7月、2018年7月、2019年7月和2020年7月五次对信息技术产品降税，目前信息技术产品相关贸易整体关税水平已极低。

此外，欧洲国际政治经济中心（ECIPE）评估中认为反倾销税收是中国主要的关税壁垒。但日本贸易振兴机构（JETRO）2018年版《世界贸易投资报告》显示，2017年全球启动的反倾销调查数量为248起，同比减少50起；而由美国启动的反倾销税调查数量却创下历史新高，占全球总数的21.8%，美国事实上才是贸易壁垒最多的国家。中国虽然也存在较高反倾销税率，但针对数字贸易的反倾销案件却很少发生。欧洲国际政治经济中心（ECIPE）有关关税与贸易壁垒的评分中，中国和美国的排名分别为第十和第五十一位，与上述反倾销调查数据并不相符。

---

[1] Digital Economy Report 2019, https://unctad.org/en/pages/PublicationWebflyer.aspx?publicationid=2466。
[2] DTRI指标共分四级，一级指标有4项，权重各占25%；二级指标有13项，三级指标有45项，四级指标有100项。一、二级指标分别为：财政限制和市场准入（关税和贸易保护、税收和补贴、公共采购），机构成立限制（境外投资、知识产权、竞争政策、商业流动性），数据限制（数据政策、中介责任、内容访问），交易限制（量化贸易限制、标准、在线销售）。

值得一提的是，联合国贸易和发展会议（UNCTAD）的报告显示，因 WTO 电子商务关税禁令而产生的关税收入损失中，95% 都是由发展中成员承担。印度已明确质疑禁征电子商务关税决定的合理性。

第二，中国缺少数字关税的法案或草案。

欧洲国际政治经济中心（ECIPE）的报告认为中国政府对版权费、数字产品、电子商务、在线服务征收的税率达到峰值区域，对投资者的市场进入极为不利。事实上，中国税制中并没有专门的数字税；已有税种对数字产品长期缺乏税收属性界定，特别是在线数字产品尚不属于任何税种的征税对象；对版权等传统无形资产的跨境交易预提所得税率只执行名义税率 20% 的一半。

而很多国家已专门针对数字产品和服务开始征收数字税。例如，巴西针对数字产品设计了 300 种不同的税收。美国极力反对数字税，但由于拥有超级数字经济型公司而税源颇丰，如 2018 年美国苹果总公司的供应链涉及全球 45 个国家的 1049 个供应商，其大约 60% 的收入来自国外。2020 年初，英国政府开始对大型跨国企业因提供搜索引擎、社交媒体平台和在线市场而获得的收入征收 2% 的数字服务税。法国税务部门针对 Facebook 法国子公司要求补缴超过 1 亿欧元（1.18 亿美元）的税款（包括罚款）。印度则进一步扩大了数字税的范围，以涵盖广泛的电子商务交易，并自 2020 年 4 月 1 日起，对非居民电子商务运营商获得的由印度消费者产生的收入征收 2% 的税。

然而，我国尚无针对数字产品和服务的专门税收法案或草案。

第三，中国的公共采购的国家安全诉求被视同"贸易限制"。

欧洲国际政治经济中心（ECIPE）的报告认为，中国的某些公共采购政策限制了国外产品的应用，如对产品的自主知识产权要求；禁止采购外国供应商的杀毒软件、Windows 系统和某些国外信息技术产品；"关键基础设施"信息技术系统禁止购买国外产品；要求公共采购产品披露产品源代码和加密密钥等。

由于数字产品具有数据收集的性质，出于国家安全的考虑，发展中国家对数字产品的政府采购往往会施加限制。WTO 关于数字贸易的谈判中，发达成员和发展中成员对跨境数据流动、本地化及转让源代码要求分歧严重。发展中成员普遍将网络安全和国家安全置于优先地位，为此可能采取限制性措施，例如要求披露或转让源代码。特别是金砖国家对数字技术的货物和服务贸易的公共采购限制最为严格。而欧美发达国家普遍将禁止披露、转让源代码作为保护知识产权和创新的必然要求。

欧洲国际政治经济中心（ECIPE）这一评分主要站在欧美发达国家的立场，考虑其对数字经济对外扩张的利益诉求，却没有考虑发展中国家基于安全的政治需要，将发展中国家政府采购中的合理保护措施视为"贸易限制"。反观美国，特朗普在任期间，其国家安全的内涵不断拓展，经济竞争逐步等同于国家安全，美国政府频繁地以国家安全为名对他国施加单边制裁。对于发展中国家，数字贸易必须以国家安全为前提。

数字经济扩张与国家安全之辩

数字贸易限制指数（DTRI）体系中，中国的数字贸易数据限制排名第一。这一部分的评估包括数据政策、中间责任和内容访问。欧洲国际政治经济中心（ECIPE）的报告认为，中国的网络安全政策限制了数据跨境流动，如要求对中国公民个人信息及收集的"重要数据"必须由"关键信息基础设施运营商"（KIIOs）保留在中国境内；要将这些数据传输到中国境外，则必须进行安全评估。报告将中国出于保护用户隐私目的的"用户同意"、对数据泄露企业的处罚、"实名制"要求等均视作"限制"。

保护隐私是《服务贸易总协定》（GATS）的基本政策[1]。

---

[1] GATS 第 14 条规定，"本协议中的任何内容均不得解释为阻止任何成员采取或执行以下措施：在处理和传播个人数据方面保护个人隐私，并保护个人记录和账户的机密性。"

经合组织（OECD）提出了隐私保护框架。欧盟也于2018年正式实施了《一般数据保护条例》，加强对欧盟境内居民的个人数据和隐私保护，并通过统一数据和隐私条例简化对跨国企业的监管框架。由美国推动的《全面与进步跨太平洋伙伴关系协定》（CPTPP）的优先考虑是数字贸易而不是隐私权，美国认为跨境数据自由流动和禁止本地化是消除数据贸易限制的关键，过度重视网络安全会导致阻碍数字贸易、扼杀数字经济的严重后果。数据限制分歧同样是"贸易自由流动"和"国家管辖权"的权衡。

数字贸易的根本驱动是数据要素。所有的国际贸易参与者都希望使用互联网来提高效率、增强竞争力。但"大数据凭借其庞大的规模、来自多个来源的持续监测，以及复杂的分析能力，使得数据的聚合更加精细、更具揭示性和更具侵入性"（时业伟，2020），传统形式的国际合作模式和共享的标准协议数据保护已经变得不太可能。在全球化电子商务环境中，跨境数据流动虽然孕育出新产业、新价值、新机遇，但也伴随着各种风险和挑战。国家安全是所有成员的核心关切，安全层面的考虑对所有成员来说都是重中之重。

欧洲国际政治经济中心（ECIPE）简单将各国维护国家网络安全的合理举措认定为贸易限制措施，显然是站在西方国家希望数字贸易市场无条件开放的立场（白丽芳、左晓栋，2019）。

"棱镜门"后，欧盟和美国已于2016年达成"隐私盾"协议，进一步强化了个人数据保护的优先级。2020年7月，欧盟法院就Facebook和奥地利隐私活动家马克斯·施雷姆斯（Max Schrems）法律争议的判决，实质上推翻了欧美间数据传输及使用协议。马克斯·施雷姆斯指控Facebook在没有获得用户许可的情况下收集使用用户数据，违背了欧洲数据保护法律。欧盟法院认为，美国国内法对非美国公民提供的隐私保护，无法达到与欧洲法律要求保持同等保护的水平[1]。

因此，欧洲国际政治经济中心（ECIPE）发布的《数字贸易限制指数（DTRI）》，仍然是欧美在跨境数据流动规则制定中提升自身话语权的体现，也是欧美国家数字经济扩张的必然要求，并未考虑发展中国家个人隐私保护能力的现实（黄宁、李杨，2020）。评价结果中，发展中国家限制度普遍较高，特别是金砖四国中三个国家（中国、俄罗斯、印度）占据了限制度排名的前三名。从欧盟的角度来看，欧盟始终秉持传统的"权利至上"原则，但欧洲国际政治经济中心（ECIPE）一方面将个人数据权作为基本人权，另一方面又抨击或指责其他国家基于相似的理由对数据跨境流动采取限制措施。正如美国左翼学者丹·希勒（Dan Schiller）提出，20世纪90年代以来，"在扩张性市场逻辑的影响下，因特网正在带动政治经济向所谓的数字资本主义转变"（徐宏潇，2020）。

参考文献

[1] Digital Economy Report 2019, https://unctad.org/en/pages/PublicationWebflyer.aspx?publicationid=2466。

[2] 马述忠，潘钢健. 从跨境电子商务到全球数字贸易——新冠肺炎疫情全球大流行下的再审视. 湖北大学学报：哲学社会科学版.2020,5:119-132.

[3] 海关总署研究室－上海海关学院联合课题组. 探索建立先进的服务贸易海关监管机制. 科学发展.2018.2:57-66.

[4] 柯静.WTO电子商务谈判与全球数字贸易规则走向. 国际展望.2020.3: 43-62.

[5] 时业伟. 跨境数据流动中的国际贸易规则：规制、兼容与发展. 比较法研究.2020,4:173-184.

[6] Martina Francesca Ferracane,Hosuk Lee-Makiyama,Erik van der Marel.Digital Trade Restrictiveness Index. European Center for International Political Economy (ECIPE). [EB/OL].https: //ecipe.org/wp-content/uploads/2018/05/DTRI_FINAL.pdf.

[7] 白丽芳，左晓栋. 欧洲"数字贸易限制指数"分析. 网络空间安全. 2019,2: 41-48.

[8] 黄宁、李杨."三难选择"下跨境数据流动规制的演进与成因. 清华大学学报（哲学社会科学版）.2017,5: 172-182.

[9] 徐宏潇. 国际数字资本主义的发展动向及其内在悖论. 经济学家.2020,2:54-60.

---

[1] 资料来源：Data Protection Commissioner v. Facebook Ireland and Maximillian Schrems, C-362/14, Press Release 1, 2 (2020)

▶ 本文见代表作者个人观点，编辑：张静。